Deniz Seki

Deniz'in Dibi

Güneşle ay yeni tanışmış sanki...

Deniz'in Dibi / *Deniz Seki*

© *2016,* İnkılâp Kitabevi Yayın Sanayi ve Ticaret AŞ

Yayıncı ve Matbaa Sertifika No: 10614

Bu kitabın her türlü yayın hakları Fikir ve Sanat Eserleri Yasası gereğince İnkılâp Kitabevi'ne aittir. Tüm hakları saklıdır. Tanıtım için yapılacak kısa alıntılar dışında, yayıncının izni alınmaksızın, hiçbir şekilde kopyalanamaz, çoğaltılamaz, yayımlanamaz ve dağıtılamaz.

Genel yayın yönetmeni Senem Davis
Yayınevi baş editörü Ahmet Bozkurt
Yayıma hazırlayan Nadide Altuğ
Kapak fotoğrafları Tamer Yılmaz
Kapak tasarım Gökçen Yanlı
Sayfa tasarım Derya Balcı

ISBN: 978-975-10-3666-7

16 17 18 19   7 6 5 4 3 2 1
İstanbul, 2016

Baskı ve Cilt
İnkılâp Kitabevi Yayın Sanayi ve Ticaret AŞ
Çobançeşme Mah. Sanayi Cad. Altay Sk. No. 8
34196 Yenibosna – İstanbul
Tel : (0212) 496 11 11 (Pbx)

İNKILÂP Kitabevi Yayın Sanayi ve Ticaret AŞ
Çobançeşme Mah. Sanayi Cad. Altay Sk. No. 8
34196 Yenibosna – İstanbul
Tel   : (0212) 496 11 11 (Pbx)
Faks : (0212) 496 11 12
posta@inkilap.com
www.inkilap.com

Deniz Seki

Deniz'in Dibi

Güneşle ay yeni tanışmış sanki...

İNKILÂP

Deniz Seki

1970 yılının sıcak günlerinden birinde, 1 Temmuz'da dünyaya gözlerimi İstanbul'da açmışım. Yaz çocuğu olduğum için belki de, kendimi en çok babacığımın da memleketi Antalya'ya, Alanyalılara yakın hissederim.

Orta ve lise eğitimimi yatılı olarak Çamlıca Kız Lisesi'nde okudum. Okulu bitirdikten sonra TRT İstanbul Televizyonu'nun açtığı sunuculuk sınavlarına katılarak sunucu olmaya karar verdim. Asıl isteğim olan müziğe vokalistlik yaparak başladım. Kenan Doğulu, Emel Müftüoğlu, Ege, Ferda Anıl Yarkın, Zuhal Olcay ve Yaşar Günaçgün gibi önemli müzisyenlerle çalışarak kariyerimde sağlam adımlarla yürümeye başladım.1995 yılında kendimi iyice şarkı söylemeye hazır hissettiğim anda "POP SHOW 95" şarkı yarışmasına yazdığım şarkı sözüyle katılarak 1. oldum. Yaşadığım acı tatlı duygu yoğunlukları, söz ve besteleri bana ait şarkılar yapmamı sağladı. Uzun çalışmalar sonunda 1997 yılında ilk albümüm "Hiç Kimse Değilim" çıktı. 2 sene sonra söz ve müziklerinin birçoğu bana ait olan "Anlattım" isimli albümümle bir kez daha sevenlerimle buluştum. O günden sonra yeni albümler yapmaya devam ettim. İnsanın içinde susturamadığı bir müzik olunca ne gelirse gelsin başına o müzik susmuyor, susturulamıyor. Sağ olsun sevenlerim de hiçbir zaman yalnız bırakmadı beni.

Şu anda bulunduğum yerde içimdeki umut beni dimdik ayakta tutuyor. Zümrüd-ü Anka kuşu misali küllerimden yeniden doğacağım günü sabırsızlıkla bekliyorum.

Daha fazla bilgi için:

denizseki.com denizsekireal denizseki DenizSeki

Deniz Seki Menajerlik ve İletişim Hizmetleri
Özgür Aras (0212) 272 17 64-65

Yağmurun Adı O Masmavi Suyun
Tadı Var Dilinde
Deniz'in Dibi Dokunabilir
Ancak Gökyüzü Giymiş
Mavi Entorisine

Değerli Okuruma
Sevgilerimle
Deniz Şeker

Bu kitap, yerle yeksân adalet duyguma ve epeydir uzak kaldığım, yalnız bırakmak zorunda olduğum ama çok da özlediğim Deniz Seki'ye...

İçindekiler

Birinci Defter

Neyim ben? 17

Topraksız Zincirlikuyu 22

Sevildiğini bilmek en kıymetlisi 24

Duygular camı aşar 27

Zaman dediğin nedir ki,
şu bendeki sevda olmasa... 31

Kalp kırıklığına ilaç 34

Gün olur devran döner 36

Bir muhasebe yapacaksam eğer 38

Bir başkadır benim memleketim 40

İyiyim Tabii 44

Çekilmez hafta sonları 47

Sabrın sonu selamet mi? 50

Sağır dilsizden farksız 58

Hoş geldin Alican 60

"Neyse"lerim 65
Yağmurdan sonra gökkuşağı 68
On kaplan gücündeyim 70
Seni çok seviyorum aşkım 72
Güle güle Şebnem 74
Kâbus bitecek mi? 76
Gezinirken buldum kendimi 78
Kırık dökük kadınlardık hepimiz 80

İkinci Defter
2015'e dakikalar kala 85
Semaverde irmik helvası 87
Dolmayan çile 89
İrmikten hayatlar 92
Oyuncu atölyesi 94
Cehennemdeki tımarhane 95
Cezaevindeki misyonum 97
Tesadüf diye bir şey yok 101
Allah herkesi iftiradan saklasın 104
Güle güle Kızılşeker 108
Tüyler ürpertici 110
Hani kar tüm mikropları kırardı? 113

Hayatı değerince yaşasak keşke... 115
Kelimelerimi kim
çaldıysa çıksın ortaya! 117
Hakikat definesi vicdan musluğu 121
Seni affediyorum Deniz 123
Figen'in doğum günü 125
Resmetmek 127
Ve Kayahan, büyük ustam
bir kuş olup uçup gitmiş 129
Hastane yolunda 131
Hayat kırıklığı 133

Üçüncü Defter

Kadın her yerde kadındır 137
Cezaevi stüdyosu 140
Portekiz'den bildiriyorum 143
Asla unutmayacağım bir konser 146
Farkındalık keşfi 150
Cezaevindeki ikinci
doğum günüm 152
Doğum günü ikinci perde 156
Her açık görüş günü 158

Üzülmüyorum 163
Bir başka buruk bayram 166
Samsara 168
İşte şu an özgürüm 172
Kütüphane 176
Hoş geldim kendime 178
Anladım ki 180
Cezaevi koleksiyonum 184
Buranın bana verdiği hediyeler,
farkındalıklarım 187
Farkındalığın sınırlarında
bir gezginim 189
Günlerden kafam karışık bugün 191
Neden yazıyorum? 195
Annesinin balı, tutunacak dalı 197

Dördüncü Defter

Deniz'in dibi 209
Duygu durumu: Karışık 212
Asıl yolculuğum 215

Birinci Defter

Hayat yaşamak için kısa,
beklemek için uzundur.

Geçici ayrılık benimkisi
İlk yaz çiçeğine gebeyim
Ağıtlar yakmayın adıma
Ben ölmedim ölmeyeceğim

Sıcak saklayın gecelerimi
Karlar altından çıkıp geleceğim
Düşlerinizin ateşinden
Ilık bir rüzgâr gibi eseceğim

Can canım canlarım
Hazır mı koynunuzda yerim
Gün olur gecikmiş çocuk gibi
Bağıra çağıra koşar gelirim.*

– Sıcak Saklayın Gecelerimi, Nevzat Çelik

Bugün benim kara kışımın başlangıcı...

Ama biliyorum ki üzerinden kapkara kışlar geçse bile bütün kışlar bir gün yaza döner...

Bundan 6 sene önce de şimdi geri döndüğüm yerdeki hayatlar donmuş, saatler durmuş, insanlar buza dönmüştü.

Topraksız Zincirlikuyu'dayım!

Kuyusu aynı derin, bir avuç toprağı yasak.

Bir avuç gökyüzü ile baş başayım, onu da ancak başımı iyice kaldırıp uzanırsam görebiliyorum. Bir anlığına da olsa nefes almama yetiyor o küçük mavilik. Sonra hızlanıyor nefes alış verişlerim... Gökyüzünü içime çekmek istiyorum, çünkü mavi ise, hâlâ oradaysa ve hep olacaksa o halde umut da herkes için her yerde hep vardır... Biliyorum, çünkü yaşıyorum.

Başı sonu belli bir hikâye değil bu kitapta anlatacaklarım sana...

Yaşam gibi sürekli değişiyor ruh halim, duygularım. İçinde boğulduğum soru yağmurlarından, ağlama duvarımdan içim sızım sızım.

Konuşmak istiyorum seninle okur, günlük yazar gibi yazmak, dertleşir gibi yazmak, elimden gelebildiğince o da... Çünkü elimden gelen tek şey yazmak...

Anlatacaklarım Deniz'in Dibi'ni gösterecek sana.

Haksız yere geldiğim bu yerden, bu insaf tuzağından bağırmadan kurtulabilirsem eğer çok şanslıyım. Ve ben biliyorum ki her şeye rağmen şanslıyım! Şimdi beni okuyacaksın, kitap gibi açacağım sana kalbimi. Satırlarımın etrafında tellerle çevrili kalın duvarlar, içinde ise buradaki anlarım ve kalbimin en derinleri olacak. Sana ağlayacağım belki, kızmazsan eğer biraz isyan da edebilirim.

Neyim ben?

*"İnsan dünyada bir Hak'tan,
bir de haksız olmaktan korkmalıdır."*

– Abdülhak Hâmid Tarhan

Beş buçuk aylık firari dönem ve bir aylık cezaevi sürecinin ortasında, koğuşumdaki bu buz gibi demir yığını ranza yatağımın alt katında oturup ilk defa elime kalemi, defteri alıp yazmaya başlamış bir halde buluyorum kendimi. Niye bugüne kadar iki satır yazıyı bir araya getirip de yazamadım bilemiyorum. Aslına bakarsanız biliyorum; içimden gelmemişti yazmak. Küsmüştüm her şeye. Hâlâ da kırgınım, ama öyle içini akıtabilen, dağa taşa haykırabilen biri değilim ben pek. Şarkı sözlerim en büyük çığlığım, melodiler ise içimi döküp haykırdığım gizli gizemim olmuştu bu zamana dek.

Şimdiyse yaşadığım bu süreçte duygularımı merak eden, beni karşılıksız seven birileri varken, böyle dut yemiş bülbül kesilmem anlamını bulmayacaktı. İşte böylelikle başladım cezaevinde geçen günlerimi yazmaya.

Burası başka bir yer... Burası soğuk, burası çok saçma bir yer... Burada saatler durmuş, burada her gün hep aynı... Herkes mutsuz, herkes negatif ama pozitifmiş gibi yapanlar çoğunlukta. Bir yerde okumuştum; hissetmesen bile yüzüne bir gülümseme yerleştirmeyi başarabilirsen eğer, duygular da yumuşarmış yüzündeki gülümsemeyle birlikte. Belki de bilmeden hepimiz bunu yapıyoruz...

Hâlbuki hayatları da, hikâyeleri de ne kadar acıklı. Burada yatanların kimi gerçekten suçlu, kimi gerçekten suçsuz; kimi çok sahipsiz, kimiyse sevenleri olan şanslı kişiler. Ben de onlardan biriyim. Hatta en çok seveni olan diyebilirim. Zaten beni en çok ayakta tutan, hayata hâlâ sımsıkı bağlayan da bu.

Ve biliyorum ki suçsuz olduğumu bir gün herkesin görmesini sağlayacağım. Gerçek sadece görebilen göze değil, görmemekte ısrar edene de gelecek. Karşılarına geçip, "Boşuna günahımı aldınız, yazık oldu onca geçen baharlarıma," diyeceğim. Boyunlarından kravat yapıp, vicdanlarına ilikleyecekler yüreklerini burka burka. O günlerin hayaliyle, o günlerin umuduyla yaşıyorum. Allahıma sığınıyorum, dua ediyorum...

Donmuş yelkovan ve akrebiyle koluma taktığım saat, baktıkça hiç geçmeyen vaktiyle burkuyor daha çok beni. "Bu bir imtihan," diyorlar bana. Masal gibi geliyor, ama doğru olmayan, sahte bir masal. Oysaki ben sevmiyorum sahte masalları.

"Bu bir imtihan, bu da senin sınavınmış!" masalındaki günah keçisinin Deniz olmasına isyan etmiyorum. Allah'ın beni nerede, ne zaman sınadığını iyi biliyorum. Başkalarının günahlarının temsili olup boynuma takılan zincirle günah keçisi ilan edilmem, kimseyi kendi günahından arındırmaz... Ama biliyorum ki, yine de kötü niyetli değil bana bunları söyleyenler. Böyle diyerek telkin etmeye çalışıyorlar beni. Sadece buraya ikinci gelişim olduğunu unutuyorlar. Hadi ilkinde o cümleler, o telkinler doğruydu, iyiydi, güzeldi, hoştu. Sabır en yakın arkadaşım, kardeşim olmuştu. Lakin bu sefer öyle değil! Öyle olmadı. İşin ayarı kaçtı ve başka bir şey oldu. Yine de karşı gelmiyorum, akıntıya ters durup kürek çekmeye çalışmıyorum; her şeyi akışına bırakmış bir vaziyette bekliyorum bazen. Yaşadığım yerin düzenine elimden geldiğince uyum sağlıyorum. Yüzümden tebessümü eksik etmiyorum ve vicdanımın nefesini bir an olsun söndürmüyorum.

Kalbimi asla kirletmiyorum ama ben de insanım ya hani... Ne kadar engellemeye çalışsam da zaman zaman yükseliyor isyan duygum. İncinen adalet duygumla baş başa buraya hapsedilmem dokunuyor kalbime. Hep bir ağızdan, koca bir gönül dağından şelale olup kalplere, gönüllere oluk oluk akıtacakken o güzelim şarkılarımı, yerine, içimde bir sandığa koyuyorum onları ve tüm duygularımı... Dokunuyor kalbime işte! Ötesi, berisi yok! Yalanı, gerisi yok. Dokunuyor!

Yalan değil, "Bu neyin bedeli?" sorusunun cevabında boğulduğum, yüreğimin avaz avaz bağırdığı oluyor.

Ama haklı olduğumu bilmek yine de bir şeyi değiştirmiyor hayatımın bu döneminde. Sessiz çığlıklarımı atarken aklıma Pablo Neruda geliyor. Suçsuz olduğu halde yıllarca firari yaşamak zorunda kalan Şilili ünlü şair. Benim gibi biraz... "Bizler Susuyorduk" şiirindeki dizeleri duygularıma tercüman oluyor. Evet, bizler burada susuyorduk.

Bilmek acı çekmektir. Ve bildik;
Karanlıktan çıkıp gelen her haber
Gereken acıyı verdi bize:
Gerçeklere dönüştü bu dedikodu,
Karanlık kapıyı tuttu aydınlık,
Değişime uğradı acılar.
Gerçek bu ölümde yaşam oldu.
Ağırdı sessizliğin çuvalı
　　　　　　　　　– Pablo Neruda

Topraksız Zincirlikuyu

*"Bütün yıldızlar sönse ve her şey kararsa,
insanın ruhunda tek bir yıldız parlamaya devam eder;
bu, ümit yıldızıdır."*

– Eflâtun

Ezan okunuyor. Dinlemek beni ve buradaki herkesi rahatlatıyor... Hapishane bir yerde ibadethane. Allah'la dertleşip ilahi adalete teslim olduğumuz, içimizi tam anlamıyla salya sümük ona akıttığımız tek yer. Buradan sonrası da toprağın altı zaten. Hani diyorum ya, "Burası topraksız Zincirlikuyu," diye, aynen öyle.

Yirmi bir adım boyuna, on adım enine, volta atılan ve adına havalandırma denilen bir yerimiz var. İşte o küçücük gökyüzünü gördüğümüz yer burası. Kilo almamaktan çok, yosun tutmamak için yürüyorum. Birkaç arkadaşım daha eşlik ediyor bana. Neyse ki formumu da koruyabiliyorum. Moral çok önemli. Çünkü cebimde olması gereken en önemli şey moral.

Bu yüzden her sabah hafif de olsa makyajımı yapıyorum. Gıdama dikkat ediyorum. Çünkü biliyorum ki hayat devam ediyor. Beni ayakta tutan şeylerden biri de bu.

Tabii ki kadınlarla dolu bir yerdeyim. İncir çekirdeğini doldurmayacak konuları fısıltı gazetesinin manşetlerine taşıyan kadınlarla. Kocası, sevgilisi, babası, abisi veya patronu yüzünden buraya düşmüş kadınlarla... Türkiye gerçeğini anlatır gibi her şey.

Sevildiğini bilmek en kıymetlisi

"Sabır acıdır, ama meyvesi tatlıdır."
– Jean-Jacques Rousseau

Saat gecenin iki buçuğu. Her salı olduğu gibi bugün de görüş günüydü. Duygusal açıdan sarsıcı; yer yer sağanak ve gök gürültülü, uzun ve saçma. Durmadığı zamanlarda sarsıcı geçiyor zaman burada.

Aşkım üzüntüsünden hasta olduğu için ilk görüşe gelemedi. Özgür'ümü (Aras) ve kardeşlerimi görmeye giderken içimden Ezginin Günlüğü'nün şarkısını mırıldanıyorum:*

*Bu gün görüş günümüz
Dost kardeş bir arada
Telden tele
Mendil salla el salla

Merhaba
İzin olsun hapishane içinde
Seni
Senden sormalara doyamam
Yarım söner cigaramın ateşi
Gitme dayanamam

Koğuşa döndükten sonra mektuplara geçiyorum. Türkiye'nin dört bir tarafından mektuplar geliyor. Bir mektup komitesi oluşturduk burada. Üç kişilik, tatlı bir grup. Önce hepimiz okuyoruz mektupları. Hepsi çok duygusal ve içten yazılmışlar. Beni sıcacık ısıtıyor, ayakta tutuyor bu mektuplar. Bana kendimi hatırlatıyorlar. Her hafta hepsine cevap yazıyorum. Arada saçma sapan bir iki mektup çıkmıyor değil. Onları hemen imha ediyoruz. O kadar da olur bir çuval pirincin içinde birkaç küçük taş.

Mektupları tadına göre ayrıştırıyoruz, önce ben oturup başlıyorum cevap yazmaya. Zor iş ama zevkli. Bu hafta 3 günde 175 mektup okuyup cevap yazmışım. Nasıl ama, güzel değil mi? Bence de. Haftada iki günü mektuplara ayırıyoruz. Yarabbi, şükürler olsun sana. Sevildiğimi bilmek, bana inananların olması ve onların varlığını bilmek benim için en kıymetlisi.

Şimdi en iyisi uyumam sanki. Yarın nişanlım gelecek. Çok özledim onu ve biliyorum ki çok ağlayacağım yine. O yüzden bu gözlerin dinlenmesi şart. Hadi bakalım Deniz, doğru uykuya. Yarın güzel görün aşkına. Yine makyaj, sonrası bolca mendil tüketimi ve hüzünle geçecek bir gün daha seni bekler, ne yapalım!

Geçecek... Elbet geçecek. Biraz delip de geçiyor, ama geçecek elbet...

Duygular camı aşar

*"Yüzümüzün ve gözlerimizin rengi
ne olursa olsun, gözyaşlarımızın rengi aynıdır."*
– Afrika atasözü

Gece yarısı olmuş. Bugün çok sert ve sarsıcı geçti. Nişanlım, aşkım geldi; öyle özlüyoruz ki birbirimizi... Gözyaşlarıyla geçiyor görüşlerimiz. Ayrılması zor geliyor, çünkü sonrası malum. Elim ne kâğıda, ne kaleme gidebiliyor. Bezginleşiyorum, ama sabrediyorum. Çünkü emin olduğum bir şey var, hayat çok acımasız olsa da, sonunda, Nâzım'ın dediği gibi, "Güzel günler göreceğiz..."

Nikbinlik

Güzel günler göreceğiz çocuklar
Motorları maviliklere süreceğiz
Çocuklar inanın, inanın çocuklar
Güzel günler göreceğiz, güneşli günler
Hani şimdi bize
Cumaları, pazarları çiçekli bahçeler vardır,
Yalnız cumaları, yalnız pazarları
...

– Nâzım Hikmet Ran

Tahammül ve sabır çok ince bir çizgiyle bağlı birbirine. Derin bir nefes alıp, "Bekle Denizcim, az kaldı," diyorum. Sevinç yüzlü sessiz çığlığımı atıyorum en derinden. Yine kızaran gözlerime yeniden makyajımı yapıp maskemi takıyorum ve güne devam ediyorum.

Duygusal direncimin düşmemesi için çabalıyorum. Bu çok önemli, kendimi kitaplarla, okuduklarımla beslemeye çalışırken, buradaki son derece kısıtlı imkânlarla yıllardır olduğum Deniz'i de kaybetmemeye çalışıyorum. Saçlarımı boyatıyorum, makyajımı yapıyorum, sporumu ihmal etmiyorum. Sevdiklerim geldiğinde beni güzel ve dimdik görmelerini istiyorum. Bunları kendim için olduğu kadar, onların da moralini yükseltmek için yapıyorum. Beni yılmış, yıkık görmelerini istemiyorum. Ve tüm bunları yaparken tabii ki hiçbir ayrıcalık da beklemiyorum. Fakat maalesef yine de eleştiri oluyor. Anlaşılmayan bir durum var burada, o da benim kendime ayrıcalık istediğim değil, sadece herkese sağlanan olanaklar her ne ise, eşit bir şekilde yararlanmak istemem. Gel gör ki, saçlarımızı boyatmamız bile kuaförlük kursu dahi açılmış bir cezaevinde sorun olabiliyor. O halde burada kuaförün işi ne diye sorası geliyor insanın, ama cezaevleri yazılı olmayan pek çok kuralı ile mantığın pek de aranabileceği bir yer değil. Düsturumuz sabır oluyor bizim de...

İnfaz koruma müdürü, nişanlımın geldiğini haber veriyor. Kafamdan sular aka aka 8 nolu görüş kabinimize iniyorum hemen. Erken geldiği için onun için hazırladığım kıyafetimi giyemedim.

Beni siyah eşofmanlarımla gördü. "Ne olur kusuruma bakma, böyle çıkmak istemezdim karşına," dedim.

O da benim her halimle güzel olduğumu söyleyip gönlümü okşadı.

Bir şey diyeyim mi, güzeldim de sahiden. Niye mi? O geldi diye gözlerimin içi güldü de ondan. Ama sonra yaşlarla doldu. O kalın, pis, bize engel olan cam var ya... Hani birbirimize dokunmamıza engel olan... Aslında o cam bile birbirimizi hissetmemize engel olamadı.

Sonra çok garip bir şey oldu. Ağlarken cebimden peçeteyi çıkartıp, "Al aşkım, sil gözyaşlarını," dedim. O da, "Yok istemem," dedi ve öylece beş dakika donduk kaldık. Sanki o peçeteyi ona verebilecek, ona dokunabilecektim de, bir de uzatıyorum. "Yok aşkım, kalsın cebinde, sen silersin bir tanem," dediğinde ikimiz de sadece susabildik yine...

Zaman dediğin nedir ki,
şu bendeki sevda olmasa...

"Ne zaman ayrılık saati gelse
Uzatsan özlemle dudaklarını
Tüm ağaçlar döker yapraklarını
Ne çiçek kalır ortada, ne bahçe
Sadece uğultusu o rüzgârın
Ve bir umut kırıntısı: Belki yarın"

– Ümit Yaşar Oğuzcan

Burasının nasıl bir yer olduğunu anlatmak çok zor. Kuracağım bütün cümlelerin içinde "çok" kelimesi geçecek. Çok garip, çok sert, çok çok çok... Bir sürü bilmediğiniz duygunun uyuduğu buz gibi bir yer. Bilmeyin de zaten. Ben bildiklerimi anlatıyorum işte. Türkiye'nin yarısı biliyor maşallah. Diğer yarısını da Allah korur inşallah.

Buraya dışarıdan birçok şey gibi aksesuvar da getirmek yasak ama mesela saat getirilebiliyor. Getiriliyor da sonrası nasıl? Buradaki elektrik teknisyeni bir güzel içini açıyor, içindekileri söküp bir şey saklanmış mı diye bakıyor. Ne saklanabilir ki saate? İçini açıp kapatamadıkları saati bozduktan sonra mahkûma da yollayamıyorlar. Nişanlımın benim için aldığı saat de işte böyle bozuluyor. Elektrik teknisyenin tek önerisi buraya pahalı saat getirilmemesi yönünde. Sanırım bozacağı saatler ucuz ya da oyuncak saatler olursa vicdanını daha rahat aklayabiliyor. Böylece sevgilimden ayrı tutulduğum saatleri, onun beni düşünerek aldığı saate bakarak sayma fırsatını da kaçırmış oluyorum. Zaman dediğin nedir ki? Şu bendeki sevda olmasa... Fiyatı, markası, rengi ya da başka bir şeyi değildi o saati benim için kıymetli kılan. Beni düşünerek almıştı sevgilim onu bana...

Tabii ki herkes biliyor, buradaki insanların nadiren hemfikir olup hep birlikte "elbette sevmiyoruz," diye bağıracağı nadir kavramlardan birinin zaman olduğunu! Geçmiyor çünkü bir türlü... Saate bakmayı çok istemesem de, zaman su gibi aksa da geçse, bu günler bitse diye gözüm hep onu arıyor. Yelkovanla akrebe, "Daha hızlı, daha hızlı," deyip zamana kafa tutacağım. Ama bozulmuş, bozmuşlar işte... Kalbim yine mi kırıldı ne...

Kalp kırıklığına ilaç

"Ne kin, ne nefret, ne de öfke
Sakın sığınma, hepsi bahane
En güzeli şimdiyi kucaklayıp kutlamak
Huzurla arkadaş olup, kendine sarılmak
Tam da şu anın içinde
Tarifsiz bir mükâfat ile."

– Deniz Seki

Hepimizin kalbi kırılıyor. Bir zaman, birileri, bir sebeple mutlaka birilerinin kalbini kırıyor. Kırılan kalplerimizin tamiri yine bize kalıyor. Burada bir türlü geçmediği için sevmediğimiz zaman, bir bakıyorsun yaraları sarmış, iyileştirmiş seni. Açık yaraların vücuttan attığı irin gibi biz de acımızı, kederimizi, yanlışlarımızı, pişmanlıklarımızı kalbimizden atmaya çalışıyoruz. Bir anda, kolaycacık olmuyor bu. Kalbinin ruhunla, karnına dek inen o koca sancıyla itişmesi gerekiyor. Affetmek, kabul etmek, sabretmek, yeniden ayağa kalkabilmek günler, aylar, yıllar alabiliyor... Ama sonunda geçmediği için sevmediğimiz zaman bir bakıyorsun ki iyileştirivermiş seni. Hayatta bazen en zoru bile kucaklamak gerekiyormuş, şimdi zaman bana bunu öğretiyor. Kalp kırıklığıma bile ilaç oluyor.

Gün olur devran döner

"...Gün ola, devran döne, umut yetişe,
Dağlarının, dağlarının ardında,
Değil öyle yoksulluklar, hasretler,
Bir tek başak tanesi bile dargın kalmayacaktır,
Bir tek zeytin dalı bile yalnız...
Sıkıysa yağmasın yağmur,
Sıkıysa uyanmasın dağ.
Bu yürek, ne güne vurur...
Kaçar damarlarından karanlık,
Kaçar, bir daha dönemez,
Sunar koynunda yatandan,
Hem de mutlulukla sunar
Beynimizin ışığında yeraltı..."

– Ahmed Arif

Bu sabah yine sayımla başladık güne. Sonrasında bir sürü dost ziyaretiyle devam etti. Arada ben tanımasam da beni tanıyan fanlarım da geliyor. Sonra birbirimizi ne kadar yakından tanıdığımızı fark ediyoruz. İnsanın en büyük zenginliği bu! Karşılıksız sevginin ve senin için gerçekten üzülenlerin varlığını hissedebilmek çok kıymetli.

Samimiyetin mumla arandığı, herkesin sahtekârlıkta 10 numara olduğu, sevginin bile sahtekârlığının yapılabildiği bu zamanda neyse ki kalpler gerçek olanı görüyor da bir nebze olsun koruyabiliyoruz kendimizi. Kıymetli olanı seçip alıyoruz kalbimizin içine. Ziyaretime gelen bütün sanatçı dostlarıma, herkese tek tek yürekten teşekkürü borç bilirim. Sıcaklığınızı, dostluğunuzu asla unutmayacağım.

Görüşüme gelen fanlarım Mehmet, Furkan, Sema, Özlem *"Deniz Seki'ye adalet"* diye kampanya başlatmışlar ama katılımın artması gerektiğini söylüyorlar. Ne diyebilirim ki, katılan da sağ olsun, katılmayan da.

Bir muhasebe yapacaksam eğer

"*Yaşamak insana çok yakışıyor*
Beline ha gayret kemeri takmak bu demektir.

Güneşe doğmak çok yakışıyor
Yıldızların yanması bu sebeptir.

Kıymet bilmemek ne demektir
Mum gibi eriyip sönmek demektir.

Susma, susma söyle şarkını
Durma dünya, dön göster farkını,
Küsme, döndür güldür şansını
Hadi dön dünya, ne olur göster farkını."

– Deniz Seki

Etrafımdaki insanları benim için yapmadıklarıyla değil, yaptıklarıyla bir bütün görmeye çalışıyorum. Beklentiler düşüyor, gerçeklerle bir arada kalmayı başarabiliyorum böylece. Kendimi olumsuz, mutsuz bir ruh haline sokarsam eğer, sanki tüm dünya üzerime gelecekmiş gibi hissediyorum. Beklentilerimi azaltıyorum ve biriktirdiklerime bakıyorum böyle zamanlarda. İşte o zaman kendi kendime bile olsam yeniden gülümsemek hiç de zor olmuyor...

Bir başkadır benim memleketim

"Memleket isterim
Yaşamak, sevmek gibi gönülden olsun;
Olursa bir şikâyet ölümden olsun."
– Cahit Sıtkı Tarancı

Bu sabah 7 buçukta Şebnem'in uyandırmasıyla kalkabildim. Çok yorgun olmama rağmen hemen kalktım, giyindim, yatağımı topladım. Adli Tıp'a gideceğim için tuhaf bir heyecan vardı içimde. Heyet karşısına çıkacağım. Bu benim için çok önemli.

Kahvaltımı ettikten sonra Pınarım jile bir elbise getirdi, onu giydim. Meryem Ablamın ördüğü cici heybemi de sırtıma astım, düştüm yollara, fakat beni götürdükleri araç çok gücüme gitti. O kadar kötü ki, bagaja oturuyorsun resmen. Esir kampına düşmüş gibi, çok fena. Her yeri kafes kafes ve minnacık. Sığamıyorsun bile. Ve tabii bu arada radyoda "İyisin Tabii" çalıyor. Şaka gibi! Gücüme gitti, başladım minik minik ağlamaya. Yol boyu Ayetel Kürsi okudum. Sonunda geldik Adli Tıp'a. Büyük bir yer burası, biraz ürkütücü ama temiz, tertemiz. Arkamızda polisler, yanımda 4 asker, 2 infaz koruma memuru. "Allahım ben neler yaşıyorum böyle? Ne olur kurtar beni buradan, yalvarırım," diyorum içimden.

Mahkûmların kabul edildiği bir bölüm var, oraya alındım. Üçüncü heyet kabul etti bizi. Doktorlar da, başkanları da tatlı, cana yakın insanlardı. Önce kadın doğum uzmanı muayene etti beni, ama öyle detaylı bir muayene değildi. Sonra dahiliye, psikiyatr derken en son tansiyonumu ölçtüler. Bir ara başkana erteleme kararı istediğimi söyledim. "Biz zaten sizin suçsuz olduğunuza inanıyoruz ve niye burada olduğunuzu da bilmiyoruz gerçekten. Elimizden geleni yapacağız fakat kanserli hastaların bile cezalarını ertelemiyorlar, yasalar böyle, ama biz sizin tedavinizi en iyi şekilde yaptıracağız. Bu raporları savcılığa yollayacağız," dedi. Karar onlarda bitiyormuş.

Adli Tıp'taki işimiz biter, ben Deniz; 4 asker ve 2 infaz koruma memuru eşliğinde kurbanlık koyun gibi ringden bozma cezaevi aracına biner, cezaevine geri dönerim. Moralim oldukça bozulmuş vaziyette ama yansıtmamaya çalışıyorum. Yalnız şunu tekrar belirteyim; Adli Tıp'taki heyet, muhteşem bir heyetti. Çok saygın, profesyonel ve babacandılar. Başta heyet başkanı olmak üzere hepsini çok sevdim. Beni getiren askerler de gayet sıcak ve insandılar.

Geldim cezaevine, çıktım koğuşuma. Bizim kızlar merak etmişler beni. Anlattım olan biteni. Sonra bir baktım, eksik olmasın, Şebnem odamı temizlemiş. Mis gibi yapmış. En azından bu moral oldu bana. Yarın sevgilim, canım aşkım da gelecek. Ona güzel görünmem gerek. Geçenlerde saçıma sıktığım saç spreyinin parfüm olarak algılanması, diğer kadınlar tarafından benim parfüm kullandığımın sanılmasına yol açmış, yine bir sürü dedikodunun, iftiranın ortasında bulmuştum kendimi. Ne zaman anlayacak acaba insanlar, bırakın ayrıcalık istemeyi, lafı olur korkusuyla iyice gerim gerim gerildiğimi...

A1 Koğuşu'nun o gün kuaför günüydü ve ben de koğuşumdakilerle birlikte oraya gittim. Boyam, fönüm bitince döndüm. Yeni mektuplar gelmiş, biraz onları okudum. İçlerinden Füsun Erbulak'ın mektubu beni çok duygulandırdı, mutlu oldum. Aslında hanımefendiyle hiç tanışmıyoruz. Ama ne mutlu bana ki, tanısam da tanımasam da bir sürü kıymetli insan beni düşünüyor. Ben de ona ve diğer tüm mektup yazan dostlarıma, ışığım olan bu güzel insanlara cevap yazacağım. Bu arada Özgür Aras'ım müzik listelerini göndermiş bana. "İyisin Tabii" her yerde ya birinci ya ikinci... Canım albümüm öksüz kaldı ama ne güzel ki dinleyicilerim sahip çıktı ona... Bunları duyunca iyiyim tabii...

İyiyim Tabii

İyisin Tabii

"Kim bilir hayallerin kimlerin elinde kırılmış
Kimler dokunmuş bilip bilmeden kalbine
Hissetmeden öylesine

Hangimiz hayatını anlatırsa roman olur
İhanetin dizelerinde damlalar savrulur
Geçmez sanırsın aşk matemin
Sen bekle de ben beklerim
Bir tek bana kötüyüm deme

İyisin tabii sen söyle hem ben dinleyen
Rahat tabii bir varmışım bir yokmuşum
Ne güzel değil mi mehtap gibi

İyisin tabii sen sevildin ben bekledim
Rahat değil mi bir varmışım bir yokmuşum
Bir varmışım bir yokmuşum ne güzel tabii mehtap gibi..."

— İsra Gülümser

İyiyim tabii. Çünkü artık biliyorum ki, insanlara hak ettikleri kadar değil, taşıyabilecekleri kadar değer vermeliyim. Yalanlar duymak, yalanlar yaşamak istemiyorum. Aslına bakarsanız, kimseyi yalan söylediğini anlayacak kadar tanımak da istemiyorum. Henüz söylenmemiş sözler değerli oluyor hayatımda. Tutunmak istiyorum tüm kalbimle kendi iyiliğime.

İyiyim tabii, çünkü artık kimseye gitme demiyorum. Benden alınabilecek her ne var ise alıp gitsinler ki ben geride kendimle kalabileyim. Kendimi tanımlamaya da pek çabalamıyorum artık, onları bıraktım bir kenara. Her hükme, her yargıya karşı kimsenin bilmedikleri var içimde.

Okuduğum kitaplardaki cümlelerin altlarını çiziyorum. Bugünüme değer katan cümle, "Geçmiş, şimdiki zaman üzerinde en ufak bir güç sahibi değildir," oldu. Bu cümleyi beni kendimden çok yargılama hakkını kendinde bulanlara hediye ediyorum. Zamanın ne getireceği belli olmaz. Benim yaşadıklarım onların da başına gelebilir, ama ben kimseyi kelimelerimle yargılama hakkını kendimde görmüyorum. Herkes kendisi için hata yapabilir... Hayat dediğimiz şey aslında, "Bu benim başıma gelmez," dediğimiz şeyleri yaşamaktan ibaret değil mi? Geçmişten ders almak elbette ki önemli, ama oraya saplanıp kalmak tehlikeli. Önemli olan şimdi'dir. Ben burada zamanı dondurdum. Zamansızım.

Ve tabii ki zamanı içimde dondursam da onu dışarıdaki akışından geri tutmak imkânsız. Gündelik işler devam ediyor, etmek zorunda, yoksa paslanırız. Neyse ki öğrenmeye açım. Daha güzeli var mı?

Çekilmez hafta sonları

"Cuma ertesi
Günlerden bugün
Cumartesi perdesi
Güvercinin kursağında kalan
Diğer günlerin sesi
Cumartesi, pazar hiç sevilmez burada çünkü
Nefretlik nefret olur sancılanır
Gönül sızım sızım
Çaresizliktir besbelli manası
Güvercinin yok ki hiç suçu
Yalandan kuşlara şarkı söyler
Mırıldanır pencerede
Gözyaşları damla damla akmasın diye
Güvercinler gelip görüp üzülüp de kaçmasın diye"

— Deniz Seki

Bugün yine 8'de sayım kalkışı. Rezalet bir duygu. Tam uykumun en güzel evresindeyken, "BA-YAN-LAR SA-YIM, KAL-KIN!" diye bağıran bir ses. Bu kadar yüksek tondan söylenince hangi ses güzel olabilir ki? Düşünün, hem de anons şeklinde. Sayımdan sonra tekrar yattım. Hafta sonlarını sevmediğimden kalkmak istemiyorum. Derin uyumuşum. Öğlen 1 gibi uyanıp kahvaltımı yaptım. Kahvaltıyı o saatte yapınca kendimi brunch'a gitmişim gibi hissettim. Burada açık büfe, çeşit çeşit omletler, ekmekler, içecekler tabii ki yok. "Brunch" sadece saatle alakalı

Cezaevindeki yemek mönülerinden bahsetmedim değil mi hiç? Burada gelen her karavana yemeği başka bir yemeğe dönüştüren insanlar var. Tuhaf bir yetenek, ama mucizeler yaratılıyor. Ömrünüzde evde asla yapmayacağınız şeyleri yapıyorsunuz. Mesela ben hasta yemeği alıyorum; yağsız, tuzsuz. Benim pilavım yalnızca haşlanmış pirinçten ibaret olduğu için canımız sütlaç istediğinde, o pilavı alıp sütlaç yapıyoruz. Üstelik şahane de oluyor. Mönüde kuru fasulye mi var, içinden etlerini ayıklayıp, kantinde satılan kavurmayla soteleyip domates, biber, soğan ve sarmısakla karıştırıyor ve bildiğin et soteye dönüştürüyoruz. Haşlanmış patates gelmişse –ki burada çok kıymetli– o gün veya ertesi gün ya kızartılıyor, ya püre yapılıyor. Her şey mutlaka değiştiriliyor. Yemeklerden ayrılan fasulye, nohut, bulgur vs. ile aşure bile yaptık, düşünün. İnsan kapalı bir yerde yaşadığında her gün, her şey aynı olduğu için sürekli değişiklik peşinde oluyor. Biz de böylece kendi füzyon mutfağımızı oluşturuyoruz işte.

Bugün kahvaltıda üçgen, beyaz ve kaşar peyniri vardı. Bunları biraz maydanoz ve pul biberle karıştırdınız mı, ohh mis. Ben ekmek yerine etimek yiyorum. Sonra kahvemi yudumladım. Gazeteleri okudum ve yürüyüşe çıktım.

Bunları okuyunca, "Oh ne rahat, kadının keyfi yerinde. Mis gibi, dünya umurunda değil," diyebilirsiniz ama kazın ayağı öyle değil güzel kardeşim. Gel, bir gün duramazsın!

Yarın pazar. Bir an önce geçsin gitsin, çünkü burada hafta sonları çok sıkıcı oluyor. Neden mi? Ne gelen var, ne giden. Avukat yok, görüş yok, anons yok... Hiçbir şey yok. Ruhlar evi gibi. Zaten ruhsuz bir yer, bir de hafta sonu iyice çekilmez oluyor.

Sabrın sonu selamet mi?

"Şu an buradayım lakin
Yarın hiç belli olmaz nerede olurum kim bilir
diyebilmek için
Bu umut kokan cümlelerime
Sarılıp uyumak istiyorum.
Zaten bu maskeli baloda herkesin kendi
üzerindeki yükü ağır
O yüzden hani kimseyi ürkütmeden
O yüzden için için kendi içimde, yüzümde hiç
maskesiz
Bu yolculuğumu için için içime sürdürüyorum"

— Deniz Seki

Pazar günleri kâbus gibi geçtiği için bir şey yapmadığımdan yazmadım da. Ve bu sabah 8'de sayımla uyandırıldım yine. Sonrasındaysa uyku yok sayılır. Bir saat daha uyuyayım dedim ama 9 buçukta teknisyen geldiği için bu arzum gerçekleşemedi. Televizyonumun kablosu bozuk olduğu için dilekçe vermiştim, ondan geldi teknisyen. E tabii kalkmak zorunda kaldım. Gece de geç yatmıştım. Zaten alıştım artık burada 4-5 saatlik yarım yamalak uykulara. Tüm günü bir dışarıda bir içeride geçirmek hem yoruyor, hem uykusuz bırakıyor beni. Velhasıl adam geldiği için giyindim, kahvaltı ettim, derken "Kapalı görüşün var," dediler.

2009'da koğuşumuzda birlikte aynı kaderi paylaştığım buradaki annem Dilek Ablam gelmiş. Hayat bu ya işte, o zamandan beri hep aramış, hep sormuştur beni. Bankacı olan Dilek Ablam çok tatlı, çok asil bir kadındır. Firari olduğum günden beri hep aramış kardeşlerimi. O dönemden önce de zaten biz görüşüyorduk. Aşağıya inip onu gördüğümde çok ağladım... O da tutamadı gözyaşlarını, tıpkı birlikte aynı koğuşu paylaştığımız zamanlardaki gibi. Yalnız bu sefer o camın dış tarafında, ben yine içeride. Kader işte... "Olsun, bitecek, geçecek az kaldı. Az daha sabır," diyerek hasret giderdik. Mevlânâ'nın *Mesnevi-i Şerif*'ini getirmiş. Çok kıymetli benim için. Buradaki akıl hocam, can yoldaşım diyebilirim. Her konuda nasihat denizi. Sabırla ilgili hikâyesi bana umut ışığı oluyor. Gelin siz de okuyun bu güzel kıssayı.

Arslana odun taşıttıran şeyh

Mürid, görmeden bağlandığı şeyhini görmek için can atıyordu. Nihayet bir fırsatını bulup hazırlandı ve şeyhin köyüne doğru yola çıktı.

Üç günlük zahmetli bir yolculuktan sonra şeyhinin köyüne vardı.

Evi öğrendi ve avluya geldiğinde önce hasretle eğildi, toprağı öptü; sonra da kalbi çarpa çarpa kapıyı çaldı.

Asık suratlı bir kadın kapıyı açtı ve, "Ne istiyorsun?" diye sertçe sordu. Mürid, "Efendi Hazretleri'ni ziyarete gelmiştim. Üç gündür bu anın özlemiyle yollardayım. Ne olur lütfedip beni kabul ederler mi?" dedi.

Şeyhin karısı kızgın bir şekilde, "Efendin evde yok. O bunaktan ne umuyorsunuz da geliyorsunuz, bilmem. Bu kadar yol onu görmek için tepilir mi? Zındığın teki o. Çektiğin zahmete yazık..." dedi.

Ve daha bir sürü sövüp sayarak kapıyı müridin yüzüne çarptı.

Mürid neye uğradığını şaşırdı. Tepesinden buz gibi su dökülmüşçesine, donakalmış bir vaziyette bekledi bir süre. Bütün ümitleri, hayalleri alt üst oldu. Sonra da bozguna uğramış bir halde başı önde döndü, şeyhinin kapısından.

Yolda rastladığı bir ihtiyara şeyhinden söz etti ve nerede olabileceğini sordu. O da şeyhinin ormana odun getirmeye gittiğini ve o saatlerde dönmek üzere olduğunu söyleyip yolu gösterdi.

Mürid ormanın yolunu tuttu. Hem gitti, hem düşündü: "Şeyhim böyle bir kadınla nasıl beraber duruyor?"

Nihayet orman yolunda gerçekten Allah'ın veli bir kulu olan şeyhini gördü. Hem de odunları bir arslana yüklemiş, kendisi de üstüne oturmuş gelirken. Hayretinden ağzı açık kaldı. Ne söyleyeceğini bilemedi.

Şeyh, müridinin karşılaştığı durumu tahmin etmiş ve sarsılan güvenini tamir etmek için ona bu kerameti göstermişti. Ayrıca şeyh, herkese ders olacak şu sözleri söyledi müridine:

"Ey oğlum! Ben sabredip o kadının yükünü çekmeseydim, bu erkek arslan beni üzerinde taşıyıp yükümü çeker miydi?"

Mürid, biraz önceki düşüncelerinden mahcubiyet duydu ve yüzü kızardı. "Âlimlerin yanında dilini, mürşitlerin yanında da kalbini kontrol altında tut" sözünün ne kadar doğru bir söz olduğu geldi aklında.

Ve kerametine şahit olduğu mürşidinden feyz almış, teslimiyeti artmış bir şekilde memleketine dönen mürid, *o günden sonra kendi hanımının huysuzluklarına karşı daha sabırlı olacağına dair kendi kendine söz verdi.**

Ben de buranın yükünü çekiyorum. Şimdi içinde bulunduğum duruma ne kadar lanet etsem de çıktıktan sonra eski Deniz olmayacağım. Yaşadıklarımdan öğrendiğim şeyler var. Elimdekilerin kıymetini daha iyi anlayacağım, biliyorum. Sabrediyorum.

Dilek Ablam bu güzel hediyesinin içine yeni yıl kartı da koymuş, görünce çok mutlu oldum. "Çok iyi görünüyorsun Deniz," dedi. İyi görünüyorum sanırım. Aynaya baktım, bunca sıkıntıya ve derde rağmen fena değilim. Sağlam kadınmışım harbiden. Geçmiş dönemden mahkûm bir arkadaşımın da çok selamı varmış. Buruk bir mutluluk yaşıyorum selamını alınca. Her zamanki gibi yetmeyen azıcık hasret gidermelerden sonra kafesime geri dönüyorum. Çok geçmiyor ki, "Özgür Aras'tan bir kargo var size," diye haber geliyor. Aşağı, kargoların alındığı yere bir indim, İnkılâp Kitabevi yeni çıkan ki-

---

* Seyfettin Bulut, *Mevlânâ'dan Hikâyeler*, Nesil Yayınları, İstanbul 2006.

taplarından 20 tane yollamış. Çok sevindim tabii. Odam kütüphaneye dönüşmek üzere, yaşasın! Fakat kitaplar ancak yarın gelirmiş koğuşuma, çünkü önce kitap birimine gidiyorlar. Saçma geliyor bana önce oraya gidiyor olmaları. Ne olacak ki, elinle hızlıca bir çevirip ver! Tuhaf işte, ama buradaki kurallarda mantık aramayacaksın. Neyse döndüm kafesime tekrar.

Akşam yemeğimi yedim. Burada erkenden, 5-5 buçuk gibi hallediyoruz yemek işini. Çay, kahve derken akşamı ettik yine. Yarın da görüş günü, sabahın köründe kalkacağım tabii. Erkenden yatacağım, pek tadım yok. Dün biraz tansiyonum düşüktü, onun da etkisi var. Zaten bu aralar genel olarak pek tadım yok. Ameliyat öncesi sancılarım da epey arttı. Bir an önce ameliyatımı olsam iyi olacak.

Boş durmayıp mektuplarımı okumayı bitirdim. Birkaç arkadaşıma yazdıklarımla birlikte toplam 13 mektup yazmışım. Hepsi farklı duyguda. Mektup yazarken çok zorlanıyorum. Kitabımı yazarken de öyle. Bu defteri boynuma asıp gezmem lazım, çünkü aynı gibi gözükse de her an her şey değişik seyrediyor. Ancak koğuştaki odama gelince kafam rahatlıyor. Ortalık sessizleşince alıyorum defteri, kalemi elime. Teyp olsaydı önce kaydeder, sonra dökerdim cümleleri kâğıda. Tüm istemelerimize rağmen bir teybim ve kayıt cihazım yok. Yönetmeliğe göre yasakmış. Neyse buna da şükür. Bu arada yeni beste yapabilmek, yaptıklarımı kaydedebilmek için bakanlığa bir mektup yazdım. Umarım olumlu cevap alırım, çünkü üretemiyorum, elim kolum bağlı. Yazamayınca, kayıt yapamayınca çolak gibi hissediyorum kendimi.

Sağır dilsizden farksız

"Olmamasına razıyım,
oluyormuş gibi olmasın yeter."
– Franz Kafka

Sayım sonrasında yeniden yatıp uyandığımda saat 7 buçuğa geliyordu. Eksik olmasın Şebnemciğim uyandırdı. Buraya ikinci gelişimdeki annem bu sefer Şebnem. Elinden geleni yapıyor sağ olsun. Bak, şimdi ben bunları yazarken meyvemi getirdi.

Salı günü görüş günü olduğundan bir telaş, bir heyecan oluyor herkeste. O hiç sevmediğimiz camın arkasından bile görüşsek, sesini duyuyoruz, yüzünü görüyoruz, hissedebiliyoruz ya sevdiklerimizi, ondan hızlı atıyor kalplerimiz. Ama sonunda o 40-45 dakika dolup telefon hattı kesildiğinde bütün renkler aynı anda yok oluyor. Hüzün ve burukluk alıyor renklerin yerini. Gözler nemli nemli oradan ayrılmak zorunda kalmak zor geliyor insana.

Ben bunları düşünüp yazarken koğuşun asma katında tam 6 aydır bozuk olan lamba için iskele kurulmuş, teknisyen çalışıyor. O iskeleyi görünce sahnedeki *truss*'ları* hatırlıyorum. Tonmaister'ım Süha'm geliyor aklıma. Bir kötü oluyor içim. Ne alaka diyebilirsiniz ama aynı soundcheck** öncesi hazırlık gibi. Duvarlar ve konum hariç. Tavandaki örümcek ağına takılınca gözüm hemen kendime geliyorum, uzaklaşıyorum daldığım hayalden.

---

* Truss: Konserlerde ve sahne şovlarında ışık ve dekor malzemelerinin asılabilmesi için kullanılan, genellikle alüminyum malzemeden yapılan konstrüksiyon.

** Soundcheck: Bir müzik kaydı ya da konserden önce yapılan ses donanımı testi.

Hoş geldin Alican

"Soluğuma bir küçük kuş tünemiş.
Seninse gölgen yıldız dolu gökyüzünden biçilmiş."
— Metin Altıok

Sizlere duvarları yemyeşil, içerisi mutsuzluktan göz gözü görmeyen bir sis bulutuyla kaplı cezaevi koridorlarından bildiriyorum.

Bugün aşkım geldi. Benim canımın içi, biriciğim... Yine çok ağladık, helak olduk, ama aramızdaki o kalın, pis cama rağmen 1 saat de olsa ne kadar giderebilirsek hasret giderdik. Aşkım bana kitaplar almış, içine şiirler yazmış. Nasıl da duygusal şiir kitapları... Ve tabii ki dua kitapları. Canım o benim... Eksiğiz yine, çok özlemişiz birbirimizi.

Kitapların dışında bana can yoldaşı olacak, minicik kanatlarını çırpıp yalnızlığıma nefes verecek çok güzel bir hediye, bir arkadaş getirmiş aşkım... Bir muhabbet kuşu! Bembeyaz. Adını Alican koyduk. Çok yaramaz, çok oyuncu, çok yakışıklı ve çok nefis ötüyor. Bebek daha. Hapishanenin içinde hapis kendisi. Kafesi maalesef ahşap. Tel kafes kabul etmiyorlarmış. Tabii ki onu görünce çok ağladım. Ama Faruk'um öyle güzel şeyler söyledi ki... Alican'ı buraya getirmeden önce 4-5 gün aşkımla kalmış. Onunla hep dertleşmiş ve demiş ki, "Senin kadar olamadım, sen çok şanslısın. Denizimin yanında olabilecek, onunla uyuyabilecek, anneni hissedebileceksin. Omzuna kon ve ona onu ne kadar çok sevdiğimi, özlediğimi, onsuz yarım adam olduğumu söyle!" Bunları duyunca gözyaşlarım sele dönüştü tabii. Alican bunları söylemedi, söyleyemedi ama söylemiş kadar oldu diyebilirim.

O zor görüşten sonra ağlayarak koğuşa geldim. Alican aşağıda, emanette. Kafesinin içindeki tüm oyuncakları sökmüşler, yemini almamışlar. İlla kantinden alacakmışım. Kuş bakmak serbest ama her şeyini buradan almak zorundasın. Düşününce ne saçma! Gelmiş işte yemi, bitene kadar onu kullanalım. Çocuk 3 saat aç bekledi aşağıda. Nasıl prosedürler bunlar, ama burada mantık arama, burası cezaevi! Minik oyuncaklarını zar zor içeri aldırabildim. Bir de koğuştaki herkesten imza toplamam gerekti. Alerjisi olan varsa istememe hakkı varmış. Yahu burada olan adamın alerjisi mi kalır? Ne alerjisi, buradaki her şey alerjik! Benim kuşum mu alerjisini azdıracak alerjisi olanın? Akıl sır ermiyor, susuyorum. Paşa paşa imzaları topluyorum. Zaten benim koğuşum 10 numara. Arkadaşlarımın hepsinin akılları gayet başlarında. Herkes farklı karaktere sahip olabilir ama öyle yoktan yere alerjim var deyip şikâyet edecek insanlar değiller. Alican nihayet koğuşa geldiğinde teyzeleriyle tanışabildi. Bir sevinç, bir heyecan... Trajikomik bir durum söz konusu.

Böylece Alican'la olan hikâyem de başlayıverdi. Nuray Teyzesi Alican'ın kafesine hediye olarak tül getirdi o akşam. Mamasını hemen almıştım zaten. Suyunu ve oyuncaklarını da koyunca evini kurmuş olduk. Böylece koğuşumda annesiyle alışma turlarına başladı. Ben de ona bakıp bakıp ağlamaya...

Çok ilginç, su sesini duyunca ötüyor. Herhalde aşkım onu petshop'tan aldı ve kafesinin yanında akvaryum vardı. Orayı hatırlatıyor olabilir su sesi ona. Çok oyuncu. Taklalar atıyor, numaralar yapıyor. Bazen de bir bakıyorum, o susmuş bana bakıyor, ben de kuş olmuş ötüyorum. Onu mutlu etmek, yeni yerine alıştırmak için kendimi parçalıyorum. Hoş geldin Alican'ım benim. Minik beyaz kuşum. Hoş geldin hayatıma, hayatımıza.

Şimdilik ana oğul hapisiz burada, ama sonra evimize gideceğiz. Seni evimizde güzel güzel uçmaya alıştıracağım. Arkadaş da alacağım sana. Burada ancak odanın içinde uçurabiliyorum. Korkuyorum salmaya. Duvarlar yüksek, kaçamaz ama belli mi olur? Allah korusun, diyorum kendi kendime. Bal gibi de kaçar. Sonra o yüksek duvarların tepesindeki çivili tellere takılıverirse ölürüm üzüntümden.

Alican'la birlikte günler de onun maceralarıyla geçiyor. Bu arada Faruk'la sevdiğimiz ortak dizileri kaçırmadan izleme kararı aldık. Koğuş arkadaşlarım da bana çaya gelecekler. Geldiklerinde aşkımla aldığımız kararı onlara da söyledim. O yüzden ben televizyona kilit vaziyette diziyi izlerken hiçbir şey demediler. Elbette ki diziyi izlemekle kalmadım, herkese de pür dikkat izlettim. Misafirlerimi yolcu ederken Alican kafesinden de, koğuştan da kaçtı, on kadın ancak yakaladık. Ve sonunda oğluşumla, beyaz köpüğüm, küçük kanatlı meleğimle ben kaldık yine baş başa. Yine biraz ağlaşıp uyuruz.

Bir kuşun, minicik bir canlının kalp atışı insanı ne kadar mutlu ediyor... Bunu bir kez daha anladım. Aslında onun kanatları var, dışarı uçabilir ama bizim kanatlarımız kırık. Cezaevi böyle bir yer, gökyüzündeki bir kuşa bile imrendirir.

"Neyse"lerim

"Eğer yarın olur ya hani bir sürpriz
Ben buradan gidersem
Bir daha hiç dönmemek üzere
Buraya yani demir parmaklıklı ey sen
Sana söylüyorum
Duydun mu beni cezaevi rezaleti
Seni hemen unutup
Yepyeni hayatımı kuracağım
Desem de demir parmaklıklı ey sen
Yine de çilehane diyeceğim senin adına
Ve benim kalbime dokunmamı
Sağlayan o içsel yolculuğumda
Kimbilir senin de görevin bu yolculuğa şahit olmakmış
Kendime giden kendi yolculuğumda
Kendimi bulduğum o güzel öz ruhum sana geldim
Hoş buldum diyeceğim az kaldı

Yarın güneşle beraber doğsam ya keşke
Veya ayla bir yolculuğa çıksam
Tam da Deniz'in orta yerinde
Masmavi gökyüzü tepeden fotoğrafımızı çekse
mutluluğumuza dair
Aşkımla biz de el sallayıp teşekkürlerimizi sunup
Mutluluktan sımsıkı sarılsak o an birbirimize
Sıcacık ve bir sürü balık şahit yanımızda olsa mesela
Hayat daha güzel olurdu, ne güzel olurdu
Olacak da az kaldı güneşle birlikte doğmaya
Çok az kaldı hem de"

— Deniz Seki

Burada sıkılmamak mümkün değil. Tabii bir de yaklaşan yılbaşı… Sahnede olmam, şarkı söylemem gerekirken burada kilit altındayım! Suçum ne, hiçbir şey! Bana isnat ettikleri, ticaretini yaptı dedikleri o pis madde yüzünden buradayım. Çok yazık, içler acısı bir durum. Temin etti diyorlar bir de. İddianamede adı geçen, güya temin ettiğim 2 kişi beraat etmiş. Peki, ben kime temin etmişim? Bu işin matematiğini bir türlü çözemiyorum, kocaman bir haksızlık… Neyse! Kitabımın adını *Neyse* mi koysam diyorum kendi kendime. İkide bir cümle başlarında *neyse*, sonunda *neyse.* Peki ya değse? Neyse! Bugünü böyle noktalıyorum. Uykusuz, yorgun bedenimi buz gibi demirden yatağıma yatırırken düşlerimi sakladığım yastığıma başımı koyup uyumaya çalışıyorum. Gözümü kapatınca aklıma *Uçurtmayı Vurmasınlar* filmi geliyor. Feride Çiçekçioğlu'nun romanından senaryolaştırılıp Tunç Başaran tarafından çekilen bu film kadar cezaevi gerçeğini, özgürlüğe bakışın nasıl olduğunu anlatan daha iyi bir film bulmak çok zor. Bir uçurtmanın bile insan hayatında ne kadar önemli olabileceğini, gözyaşları içerisinde seyrediyorsunuz. Neyse ki hâlâ hayatta olan bu yönetmene bu kadar gerçekçi bir filmi bizlere hediye ettiği için teşekkür etme şansına sahibiz. Yine de içeride cezaevleriyle ilgili filmler pek izlenmez; filmine gerek duyulmaz, çünkü gerçeğinin içindesindir. Hatırlar mısınız bilmem, filmde bir sahne vardı, küçük çocuk sorar:

– Niye uçmuyor ki İnci?
– Uçar bir gün.

Umut işte böyle bir şey. Sadece biz yetişkinleri değil, bir çocuğun bile hayata bağlanması umut sayesinde olabiliyor.

Umut, umut, umut...

Yağmurdan sonra gökkuşağı

"Bazen bitmek bilmeyen
dertler yağmur olur üstüne yağar.
Ama unutma ki, rengârenk gökkuşağı
yağmurdan sonra çıkar."

– Mevlânâ

Burası nasıl bir yer biliyor musunuz?

Dayanıklılığın her gün sınandığı, çok zorlu bir sınav yeri, sınavın ta kendisi burası. Ruhunu değiştiren, seni farklılaştıran tuhaf bir yer. Kendisi tuhaf olduğu için insana da tuhaf şeyler düşündürtüyor. Sabır yoldaşın oluyor. Sabredebilmenin bile tuhaflığını yaşıyorsun. Gazetelerde çarşaf çarşaf haberlerim çıkarken ben hükümlü ama suçsuz bir mahkûm olarak, sanki ölmüşüm de öbür dünyadan kendimi izliyormuşum gibi hissediyorum. Bir defasında avukatım Naim Bey, "Bir kişinin cezaevi hayatı aslında insanın kendi cenaze törenini izlemesi gibidir. Kim senin için ne kadar üzülüyor, kim cenazene geliyor, hepsini bu dünyadayken görürsün," demişti. Doğru galiba. Tekrar hayata dönmek için gün sayıyorum. Allah'a yalvarıp ağlayan gene benim işte.

Yine *Mesnevi-i Şerif*'i okuyorum. Her sözcüğünü yudum yudum içiyorum. Bitmesin diye kana kana içmiyorum. Çünkü beni teselli ediyor, ruhuma sıcacık sarılıyor. Tesellim başucumdaki *Mesnevi*'m.

On kaplan gücündeyim

*"Önümden gitme seni izleyemeyebilirim,
arkamdan da gelme yol gösteremeyebilirim;
yanımda yürü ve yalnızca dostum kal."*
— Albert Camus

Her şeyin olduğu gibi dostluğun da değerini daha iyi anlıyorum. Kimin gerçek dost, kimin dost görünüp düşman olduğunu çok önce anladım zaten. Şimdi gerçek dostlarıma olan sevgim katbekat arttı. Biliyorum ki hiçbiri benden bir karşılık beklemiyor. İyi olmamı, kurtulmamı istiyorlar sadece. Ama bütün bunlar bittiğinde sıra bana gelecek ve ben çıkınca ne zaman canları sıkılsa, başlarına bir şey gelse (ki umarım hiç gelmez) hep yanlarında olacağım. Ne önlerinde ne de arkalarında.

Benimle bu yolda yürüyen dostlarımın sayısı önemli değil. Birlikte olduktan, birbirimize güvendikten sonra hepimiz on kaplan gücünde oluyoruz zaten. İtiraf ediyorum, ben aslında Kızılmaske'yim. Değişiklik olsun diye cezaevindeyim. Süper kahramanlığı bırakmış değilim. İsteseniz de emekli olamıyorsunuz. Yorucu ama heyecanlı bir iş. Sigortası yok ama ne yapalım. Buradayım diye size yardım edemem sanmayın. "Fantom Deniz" diye seslenin, ben gelir bulurum sizi. Belki de bir şarkım koşar imdadınıza. Duyguların burada inişli çıkışlı olduğunu söylemiştim değil mi? İşte bir ispatı daha.

Seni çok seviyorum aşkım

"...İki küçük kol düğmesi bütün bir aşk hikâyesi
İki düğme iki ayrı kolda bizim gibi ayrı yolda..."
— Barış Manço

Bugün aşkım geldi. Yine çok ağladık bir tanemle. Bana çok güzel pijamalar almış, kokusunu sıkmış üzerlerine. Yerim onu ben. Çok zor geçiyor görüşler, acıtıyor canımızı. Çok özledik ikimiz de. "Yarım yok, sen benim her şeyimmişsin. İstemeden de olsa seni çok üzmüşüm ben. Kendimi pataklıyorum, kahrediyorum şimdi," diyor. İçim acıyor, üzülüyorum o öyle deyince. "Az kaldı kavuşmamıza, geçecek, acısını çıkaracağız elbet bu günlerin, hem de çok güzel bir şekilde. Gör bak, nasıl güzel çıkaracağız hem de. Canımın içi, seni çok seviyorum aşkım," diyorum ben de. Dönüş yolunda yine ayrılığın hüznü ile rahmetli Barış Manço'nun "Kol Düğmeleri" şarkısını mırıldanıyorum: *"...Heyhat sabah gün ışıldar yalnız gece buluşanlar. Yaşlı gözlerle ayrılırlar düğmeler gibi. Bizim gibi bizim gibi ayrılırlar bizim gibi ayrılırlar."*

Sonra silkiniyorum şarkıdan, biz kavuşacağız çünkü... Ve o gün, bir daha asla ayrılmayacağımız bir hayatın ilk günü olacak.

Güle güle Şebnem

"Ne yalanlarda var, ne hakîkatte,
Gözümü yumdukça gördüğüm nakış.
Boşuna gezmişim, yok tabîatta,
İçimdeki kadar iniş ve çıkış."
— Necip Fazıl Kısakürek

Bugün Şebnemim, yani buradaki annem tahliye oldu. Bebek gibi bakıyordu bana. Bu çok sevdiğim kadından bahsetmeliyim size: Şebnem, devlet memuru. 40 aydır yatıyordu. 2 çocuk annesi. Gülen, kocaman gözleri var ve bu koğuştaki herkeste emeği çok. Canım benim, yolun açık olsun canım Şebnemim. İnşallah çok mutlu ve çok güzel bir hayat bekliyor seni.

Onun gitmesine bir yandan üzülüyorum, diğer yandan kurtuluyor diye seviniyorum. Alfabenin 29 harfi seferberlik ilan edip yan yana gelip ordu kursa, hiçbir cümle buradaki hayatı, duyguları, inişleri çıkışları anlatmaya yetmez, inanın bana. Bugün ne tuhaf bir gün.

Kâbus bitecek mi?

*"Dünyayı haksızlık yönetiyor,
adalet yalnız sahnede var."*

– Friedrich Schiller

Ringdeyim.

Hastaneye gidiyorum. Hayvan kafesi gibi yine burası. Arkamda 70 yaşında, cinayetten yatan, MS hastası bir kadın oturuyor. Fonda yine "İyisin Tabii" çalıyor, bu kadar mı tesadüf olur, duygularım karmakarışık. Ameliyata gidiyorum, ama olacak mıyım henüz belli değil. Soruyorum Allahıma, "Ben bu kadar ağır yükü omuzlarımda taşıyacak, bu kadar ağır bedel ödeyecek ne yaptım?" diye. "Yalvarırım bu kâbus bitsin artık, bitsin ne olur," diye durmadan tekrar ediyorum içimden. O kadar tuhafım ki anlatmama imkân, ihtimal yok. Film karesi gibi her şey, her yer. Gökyüzünü o küçücük kare, gözlük camı gibi kafesten görebiliyorum. Köşeli bir gökyüzü. Rezil bir duygu, kendimi berbat hissediyorum. Yine de dimdik, sapasağlam, otobüste ayakta gidenler gibi ayağa kalkıp o küçücük camdan hayata bakıyorum boş boş. Gözyaşlarım yanaklarımdan süzülüp dudaklarıma karışıyor tuzlu tuzlu.

Gezinirken buldum kendimi

"Eskiden ben Deniz'in
Den'dim iz'imi buldum anca ama
Şimdi Deniz oldum
Ama şimdi
Ama şimdi
Çok önemli
Şu an demek
Nefes demek, hayat demek, kalp demek
Eskiden olsa ben
Ya geçmişte
Ya gelecekte
Gezinirken bulurdum kendimi diyebilmektir"
– Deniz Seki

Cezaevinde nikâh deneyimi de yaşamadım diyemem artık. Sevcan adında bir arkadaşımız evlendi. Her şeyini buradan ayarladık. Gelinlik, ayakkabı, benekli soket çorap...

Nikâh çok enteresandı. Mahkûm, kabul kapısının bitişiğinde, önünde ayakları kırık bir masa ve x-ray cihazı. O anda içeri yeni bir mahkûm girdi, o da şaşırdı. Düşünsenize, cezaevine giriyor ve girişte gelin, damat, nikâh memuru, birkaç mahkûm ve benim de aralarında olduğum bir nikâh kıyılıyor. Hayatımda gördüğüm en tuhaf, bir sürü duyguyu içinde barındıran bu buruk nikâh törenini de ölene kadar unutmayacağım. Nikâhtan sonra ayağa kalkan memur beni fark eder etmez, daha nikâh tamamlanmadan hızla yanıma gelip fotoğraf çektirmek istedi. Bunu da asla unutmayacağım, o da ayrı bir konu. Çektirmedim. Pek istemiyorum burada fotoğraf çektirmeyi. Buradaki hayatımı dondurdum ben. Buradan kalbime aldığım bir sürü güzel insanla çıkmak istiyorum, fotoğraflarla değil.

Nikâhtan sonra görüşe gelen aşkımla yılbaşı öncesi yeni yılımızı kutladık. Leş gibi cam yine aramızda başroldeydi ama biz onu yok saydık. Gözyaşlarımızla yıkadık, oldubitti. Aşkımızın büyüklüğü odayı sıcacık yaptı.

Kırık dökük kadınlardık hepimiz

"Erkek olmak doğuştan gelen bir alın yazısı olsa da, adam olmak her erkeğe nasip olmuyor."

– küçük İskender

23 yıl yatan Selin ve gencecik yaşta anne olan Damla'nın hikâyesini cezaevinin kuaföründe dinledim. Beni derinden etkiledi.

Çocuk gelin Damla, bebeğini bırakmak zorunda kalıyor ve oğlu annesini tanıyamıyor. Üstelik Damla da annesini göremeden büyümüş. 2 buçuk yaşında onu bırakıp giden annesi gibi, o da oğlunu çocuk esirgeme kurumuna bırakıyor. İkinci evliliğini yaptığında tekrar hamile kalıyor. Zor bir gebelik geçiren Damla, bu süreçte aç kaldığında, aş erdiğinde neler çektiğini gözyaşları içinde anlatıyor. Acaba Damla kendi yüzünden mi bunları yaşadı ve sonunda kendini burada buldu, yoksa hikâyenin asıl kötü olan kahramanı, onun burada olmasına yol açan şeyler ve kimseler, sözünü nedense hiç kimsenin etmedikleri mi?

Bitmedi. Selin'in hikâyesi de acıklı. Selin 40 yaşında olmasına rağmen hâlâ annesinin gözünde küçük bir kız. Çok iyi biri ama kendine güveni yok. Aslında evlilik meraklısı değil, ama yine de evleniyor. Evliliğinin 6. ayında mutluluk bitiyor, fakat temiz kalpliliğinden 6 yıl dayanıyor. Kocası bir akşam pasta almaya gidiyorum diye evden çıkıp bir daha geri dönmüyor. Selin'i kendisi için yaptığı onca fedakârlık ve yükle baş başa bırakıyor. Kocası için zimmetine mal geçirmiş, o da parayı bir güzel yemiş. Kadın cezasını çekiyor, adam ortada yok. Zaten uzun zaman önce boşanmışlar. Hani derler ya, her başarılı erkeğin arkasında bir kadın vardır diye... Bu söz cezaevinde biraz farklı, çünkü buradaki neredeyse her kadının hikâyesinin ardında bir erkek var.

İşte böyle bir sürü trajik hikâyeler silsilesi durağı burası ve burada bulunan 900 kadının, neredeyse hepsinin yatma sebebi yanlış adamlar seçmeleri, yanlış evlilikler yapmaları, üvey babalar, yanlış arkadaşlıklar... Ataerkil bir toplumun körü körüne kendine kapanan yüzünü hapishanelerde daha da bir açıklıkla görüyorsunuz. Erkek egemenliğinin yüz karası nasıl olunurun tam adresi işte burası. Zorla yapılan evlilikler, baba baskısı, çocuk gelinler, kadına şiddetten ötürü cinayetler almış başını gidiyor. Sahi, bu insanlar suçluydu, değil mi!? En azından hukuk onlara öyle diyor.

İkinci Defter

2015'e dakikalar kala

"Dua bir umut çığlığıdır."
– Alfred de Musset

Bir yılbaşı gecesinin hapishanede nasıl geçtiğini anlatayım size. Akşam saat 6'da yemeğimizi yedik. Mönümüzde tavuk, pilav, kırmızılahana salatası, tavuk çorbası, yoğurt, meyve suyu ve tel kadayıf vardı. Yemeğimizi yedik, ardından bulaşıklar yıkandı. Çay, kahve faslı derken sonra biraz televizyon seyrettik. Herkes ortak alanda toplandı. Masaları da birleştirmiştik. Naçizane kırmızı pijamalar aldım arkadaşlarıma. Hepimiz onları giydik. 12'ye 5 kala ben odama gelip namaza durdum. Başım secdedeyken girmek istedim bu sene yeni yıla. Hem kendim için, hem buradaki arkadaşlarım için dualar ettim. Allahım inşallah kabul eder.

Sonra tekrar yanlarına döndüm, onlara şarkılar söyledim. Sarıldık, öpüştük, ağlaştık. Öyle tuhaf bir ortam vardı ki kesinlikle bir kamera olmalı ve o ortam görülmeliydi. O enerji, duygu, hüzünlü neşe, atmosfer... Dünyanın hiçbir yerinde bütün duyguları böylesine bir arada barındıran başka bir yer bilmiyorum ben. Cezaevleri böyle ilginç yerler. Dans ettik, şarkılar söyledik. Üzerimizde pijamalar, başımızda uyku gözlüklerimiz (o da benim hediyem). Çok şeker görünüyorduk. Bir o kadar da hüzünlü, buruk, kırık dökük kadınlardık hepimiz, ama umut doluyduk. İçimiz kan ağlıyordu ama yüzümüzde tebessüm eksik değildi. Hem maske gibi, hem değil. Kırık dökük kadınlardık hepimiz, ama umutluyduk bugünden, yarından ve arta kalan her bir sayıdan. Derken bir baktık; türküden popa, halaydan fasıla, Karadeniz'den Ege'ye kadar her yeri gezmişiz müzikal anlamda. En son sabahın 3 buçuğunda Ajda'yla Muazzez Abacı'nın Harbiye konseri izliyorken buldum kendimi. Dağıldık ve odama geldim. Dualarıma başlayıp 5 gibi aşkımın fotoğrafını öpüp iyi geceler diledim. Hoş geldin 2015!

Semaverde irmik helvası

"Tutsak olacağını bilerek
yine bu sabah
demirparmaklıktan içeri
usulca sızdı
güneş

Yasaklanınca görüş gününde
çiçek getirilmesi
arka duvarın dibinde
sarmaşık tohumu
dikmiş annem

Oysa el bile
sallayamamıştım ona
kuyrukta saatlerce bekleyip

doldurduğu içme suyunu

dökerken ardıma"

– Sunay Akın

Melek adında bir kuşum daha oldu. Alican ve Melek'in hikâyeleri bitmek bilmiyor. Karşımdalar şu an, onları izliyorum. Melek çok huysuz ve nazlı. Alican da çok oyuncu. Durmadan Melek'i öpmek istiyor, o da hiç yüz vermiyor. Sürekli onu gagalıyor, viyaklıyor. Çok komik görünüyorlar. Neyse ki sonunda öpüştüler, çok şükür.

Az önce ölmüşlerimizin ruhuna irmik helvası kavurduk. Hiç semaverde helva yediniz mi? Sanmam. Biz ise semaverde neler neler yapıyoruz bir bilseniz...

Dolmayan çile

"Rabbine dönüp, 'Benim büyük bir derdim var' deme,
Derdine dönüp, 'Benim büyük bir Rabbim var' de!"
— Mevlânâ

Bir hafta sonu daha geçti. Nihayet bitiyor bu sevimsiz, uzun, anlamsız tatil. Etraf manasız şekilde sessiz. Ne gelen var, ne giden... Sadece yemek geliyor, o da yüzen karavana. Bir de sayım yapılıyor ve ilaç veriliyor. Onun haricinde çıt yok. Avukat yok, görüş yok. Dışarıdan haber yok. Topraksız Zincirlikuyu. Biz mezardakileri ziyarete gelen yok. Ben yine dualarımdayım. Durmadan okuyorum ve Allahıma yakarıyorum, ondan istiyorum. Anladım ki beni buradan ondan başka kimse kurtaramayacak, çünkü hayat her zamanki gibi karşı koyuyor, direniyor. Ve işte aslında tam da bu yüzden hayatın bize öğrettikleri bütün kitapların öğretebileceğinden çok daha fazlası oluyor. O'nun varlığı ise hayatımızı kolaylaştırıyor. İçimizde, tüm hücrelerimizde hissettiğimiz Tanrı bize kötü günlerin geçeceğine dair umut ışığı oluyor.

Biliyorum ki büyük Rabbime inandığım, dualarımı ettiğim sürece o beni asla yalnız bırakmayacak.

İnsan ancak engellerle karşılaşıp onları aşmaya çalıştıkça kendini tanıyabiliyormuş. Olgunlaşmak için de demek ki engellerin çıkması gerekiyormuş karşına. Bu da benim *halvet*immiş işte.

Dervişler çilelerini doldurmak, Hak ile yakınlaşmak için 40 gün bir hücrede inzivaya çekilirlermiş. Biz de burada zorunlu olarak çile çekiyoruz ama herkes aynı değil. Olumlu düşünüp bunu Allah'a yakın olmak için bir fırsat olarak görenlerin sayısı yok denilecek kadar az. Ben de burada olmak istemezdim ama madem kaderde varmış, dolduruyorum çilemi.

Müridlerin 40 gününü geçirdiği hücrelere halvethane, yani yalnızlık evi denmesinin yanında çilehane de denirmiş. İşte cezaevleri tam bir çilehane! Çoktan doldurdum günlerimi, "Allahım neden hâlâ buradayım," diyorum. Sonra da kızıyorum kendime. İsyan etmek yok bu yolculukta. Vardır güzel Allahımın bir bildiği. Belki de ben bunları yazayım diye inzivaya çekti beni. Belki de Rabbimin sevgili kuluyumdur kim bilir?

Söylenecek çok şey var da, "Sus Deniz" diyorum kendime. Suya düştüğüm için değil, sudan çıkamadığım için boğuluyorum belki de.

İrmikten hayatlar

"Uçurtmalar, rüzgâr kuvvetiyle değil,
bu kuvvete karşı uçtukları için yükselirler."

– William Churchill

Bugün açık görüş günü. Hava buz gibi soğuk. Bir elimde dün geceden hazırladığım azık ve buradan göndermek istediğim kıyafetlerimin bulunduğu torbalarım. Onları yollayacağım ki yenileri gelebilsin. Her şey sayıyla olduğundan kullanılabileceğim kıyafetler olsa da vermek zorundayım. Azık torbamda da aşkımla kardeşlerime hazırladığım irmik tatlısı ve cezaevine özgü bir yemek olan irmikli börek var. Burada her şeyimiz irmikten.

Diğer elimdeyse hem dayılarıyla tanışsınlar, hem de babalarıyla hasret gidersinler diye kuşlarım Alican ve

Melek. 45 dakika nasıl geçti, ne oldu, ne bitti anlayamadım. Hiçbirine istediğim gibi zaman ayıramadığımdan yüreğim parça pinçik. Dışarıya, aileme ve aşkıma olan özlemim gün geçtikçe onar doz artıyor, mutsuzluğuma mutsuzluk katıyor. "Yeter artık" tadındaki isyan bayrağım yelkenlimle birlikte alabora oldu. Ömrümün açık denizinde batmamak için çırpınıyorum. Allah'tan can bedende. Allahım şu hayatımı düzene sokmayı nasip eyle bana lütfen!

Oyuncu atölyesi

"...Yaktım gemilerimi
Dönüş yok artık geri
Tak etti canıma bu maskeli balo
Bu maskeli balo ve onun sahte yüzleri..."
– Murathan Mungan

Cezaevindekilerin 10 dakikada bir olan duygu değişimi tam bir oyunculuk atölyesi. İnanılmaz bir akademi aslında. Bu kadar değişken duyguyu iç içe, aynı anda yaşayabilmek ve her bir duygunun tarifini tüm bedeninle hissedebilmek, sen başka bir duygudayken karşındakinin başka bir duygu halini gözlemlemek inanılmaz. Bir oyuncu okulu, atölyesi, akademisi... İşte adı her neyse o, inanın bana.

Cehennemdeki tımarhane

"Güneş herkesin üzerine eşit doğar ama
gül başka, leş başka kokar."
— Mevlânâ

Saat gece 2. Bugün yine travmatik bir hikâye duydum. Yarın karşı koğuşumuzda ölü bir çocuk için doğum günü yapacaklarmış. İsteyen kim? Çocuğunu öldürmekten hükümlü bir anne! Mevlit okutturacakmış! Olay doğruysa anneninki nasıl bir ruh halidir, lütfen biri bana bunu söylesin. Avukatımın söylediği bir cümle geldi aklıma: "Suçluyu kazıyın altından insan çıkar." Prof. Dr. Faruk Erem söylemiş. Evet, o kadın da insan. İnsan değil mi? Karmakarışık duygularım. Of Allahım, tüylerim diken diken oldu. Nasıl bir vicdan azabı çekiyorsa artık... Allahım yardım et ona, ıslah et onu ve kurtar beni ve benim gibi suçsuz insanları bu cehennem çukurundan... Yarabbi sana binlerce şükürler olsun, hiç kimseye zarar vermedim ömrüm boyunca. Tek zararım her konuda hep kendime olmuştur ve hayat mektebinde hoca sonunda yüzüme kusurumun bin katından fazla, şöyle okkalısından koca bir tokat atmıştır. Her şeyi kendim tecrübe etmişimdir. Hatalarımla hep kendim yüzleşmişimdir. Asla insanlığımı unutturan bir tecrübe yok bu hayat okulunda. Şükürler ola Rabbime...

Cezaevindeki misyonum

"Kaybedeceğini bile bile neden mücadele ediyorsun dedi. Öleceğini bildiği halde yaşadığını unutmuştu."

– Gabriel García Márquez

Dün aşkım geldi, çok özlemişiz birbirimizi. Yine çok ağladık. Stresten bütün yüzü yara bere içinde kalmış. Güzel giyindim onun için. Cezaevinin kuaföründe saçımı boyattım, fön çektirdim. Güzel oldum valla. En azından cezaevindeyim diye salmadım kendimi hiç. Kadın her yerde kadındır. Ben bunu bilir, bunu söylerim. Motivasyon olsun diye hafif bir makyaj da yaparım her gün, buradaki arkadaşlarım da şahit. Hayata tutunmak için küçük çözümlerimiz bunlar.

Nişanlım da çok şıktı. Benim için süslenmiş, öyle dedi. Şahane olmuştu ama suratı yara bere içinde. Yine ne zaman bitecek bu çile diye ağla babam ağla. İnsan sevdiğine dertlenirmiş ya hani, ben de onu görünce hepten salya sümük şeklinde koyuverdim kendimi. Her görüş günü olduğu gibi yine perperişan oldum.

Romantik sevgilim bana mektup yazarken eline bulaşan mürekkebi gösteriyor. Dün geldi neyse ki mektubu. Üzerine yine kırtasiyeden aldığı bir sürü kuşları, bebekleri, uğurböceklerini yapıştırmış. Bir de çok güzel bir şiir yazmış, çok ağladım okuyunca. Hemen astım küflü yeşil duvarıma. Kendimce odam haline dönüştürmeye çalıştığım koğuşumda muşambadan masa örtüsü ve duvar kâğıdı yaptım. Mektubu da o muşamba duvar kâğıdının üzerine yapıştırdım. Orada aile bölümüm ve hayranlarımdan gelenlerin oluşturduğu bir bölüm var. Odamın duvarlarında yer kalmadı. Çok da iyi oldu. Kendimi daha iyi hissediyorum en azından. Sadece giderken ne yapacağım, onu düşünüyorum. Burasının evin olduğunu bir süre sonra kabulleniyorsun. Siz de nasıl bir yer olduğunu merak ederseniz sonradan müzeye çevrilmiş Ulucanlar Cezaevi'ni görmeye gidebilir, insanda nasıl izler bıraktığını daha iyi anlayabilirsiniz. Şu insanoğlu ne tuhaf! Sen buradan çık da nasıl çıkarsan çık. Ama öyle değil işte kazın ayağı. Duvarda bile anılarım var benim... Aşkımın bana yazdığı bu harika ilk şiiri duvarıma astım.

AŞKIM

Yokluğun ölüm gibi bana
Her yer karanlık
Her yer sensizlik kokuyor
Sen yokken ben yokum buralarda
Bana nasılsın diyene gözyaşlarım cevap veriyor
Ben yokum DENİZİMMM
Yok...

– Faruk Salman

Kendimi bırakmamak için savaşmam gerekiyor. Mesela kantin günleri. Aman Allahım evlere şenlik. Elimizde rengârenk leğenlerle kapının önünde kantin arabasını bekliyoruz. Burada nakit para geçmiyor, hesabınızdan düşülüyor. Paranız çok olsa bile haftalık harcama limitinizi aşamıyorsunuz. Neyse, isimler tek tek okunuyor ve adı okunan kişi 300 lirayı geçmemek kaydıyla haftalık alışverişini yapmaya gidiyor. Görmeniz lazım; Vernel, çamaşır suyu, mektup kâğıdı, ıslak mendil, tuvalet fırçası, sabun, telefon kartı, salam, kaşar, sigara, far, rimel, ruj...

Bu arada bu satırları ikinci defterime yazıyorum. Bu beni mutlu ediyor, çünkü çok önemliydi benim için. Ha bugün, ha yarın derken bir bakmışım ki başlamışım yazmaya. Zaten bence ikinci kez cezaevine Allah tarafından bu kitabı yazayım diye girdim. "Git kızım, bu senin misyonun, bunu git ve yap, yapalım," dedi diye düşünüyorum.

Tesadüf diye bir şey yok

"Her ayrılış ölümün önceden
alınan bir tadı gibidir,
tekrar bir araya geliş de yeniden
dünyaya gelişin önceden
alınan bir tadı gibidir."
– Arthur Schopenhauer

İz'de birlikte çalışmayı en çok istediğim, hayatımda en çok sevdiğim müzik adamlarından biri İskender Paydaş'tır. Gözlerimden yaşlar damlıyor. Ne ona teşekkür edebildim bu güzel albüm için, ne de ben keyfini sürebildim. Üzüntüm tarifsiz. *Zamansız Şarkılar 2* albümünde ona şahane bir şarkı hediye etmek istemiştim, kısmet olmadı. "Kar Taneleri"ni söyleyecektim, o da kısmet olmadı... Konuşamadık bile. Şu an buz gibi ranzamda oturmuş, yıkık dökük halimle gözlerimden yaşlar damlayarak yazıyorum. "Hadi uçur beni buradan, gitmem, şarkı söylemem lazım artık," diye içime haykırıyorum.

O da ne! Ben tüm bunları düşünüp yazarken, bir yandan da televizyon açık. Kafamı kaldırıp bir bakıyorum, NTV'de Gülay Avşar'ın programında konuk İskender! Pat diye, "Deniz Seki'ye de selam," dedi. Şu an yüzüm kıpkırmızı ve boğazım düğüm düğüm. Tansiyonum yoktu ama sanırım artık var. *İz* albümümden bahsediyorlar. Ekranda klibim. Gecenin bir yarısı oturmuş yazarken tesadüf eseri bu yayının tekrarıyla karşılaşmam ufak çaplı bir şok yaşatıyor bana. Her şeyin ben bunları yazarken olması, onun şu an televizyonda pat diye karşıma çıkması, saatin tam da 01.37 olması ve ağlamam... Nasıl bir şeydir bu Allahım, inanılır gibi değil. Yazdığım bütün satırlar gerçek. Tıpkı İskender Paydaş'ın albümüne vermek isteyip de kısmet olmayan o şarkımın sözlerindeki gibi...

"Sen düne bugün
Bugüne dün
Yarına öbür gün diyemezsin

Anı yaşa mutlu olmak
Asıl onun içinde saklıymış anılarını biriktirip
Bir köşeye koyarsan rafa
Beni de satır aralarının içinde ne olur bir yere sakla."

– Deniz Seki

Mutlu oldum, hem hüzünlendim, hem sevindim. Anı yaşadım, İzlerken bir şeyler saplandı yüreğime, öyle böyle değil. Acısını anlatamam. Ancak şarkı söylersem anlatabilirim. Ancak öyle anlayabilirsiniz ne demek istediğimi... Seni seviyorum müziğin prensi, İskender Paydaşım, meleğim.

Not: Gazetede programın 18.15'te yayınlanacağını okumuştum. Alarmımı bile kurmuştum ama sayım saatine denk geldiği için kaçırmıştım. Demek ki hayatta hiçbir şey tesadüf değil. Çok seyretmek istiyordum, Allah duydu sesimi. Çok özlemiştim. Sevdiklerimden aldığım bir selamın bana nasıl iyi geldiğini anlatmak istesem kelimeler kifayetsiz kalır. Artık şarkı söylemem lazım... Özgürce... Gökkubbeye haykırarak...

Allah herkesi iftiradan saklasın

"Gönül kalem oluyor
Kâğıda kafa tutup
Hesap soruyor
Yazıyor, çiziyor, soruyor
Harfler boyun büküp
Bana sevap yazıyor."
– Deniz Seki

İki hafta sonra nihayet aldım kâğıdı kalemi elime. Kâğıt kalemle karı koca gibiyiz; bir küsüyoruz, bir barışıyoruz. Bu koca haftada ne yaptım diye düşünüyorum. Oturup kendimi mi dinliyorum? Hayır, öylesi pek hayırlı olmuyor. Sorgulamalar başlıyor. Ben hep vardır bir hayrı, bir hikmeti diye düşünüyorum. Canım Allahıma inancım sonsuz. Demek ki tamamlanmam gerekiyordu, bir şeylerim eksikti. O da benim için burayı uygun gördü. Başka bir yerde saçma sapan bir vaziyette de olabilirdim. Haberleri izleyip dünyadaki, hele hele ülkemdeki durumlara baktıkça şükrediyorum halime. Cezaevi müdürümüz Hulusi Bey'in de dediği gibi aslında şu anda en güvenli yer burası (hee evet!). Güler misin, ağlar mısın? Ama bakınca bir bakıma da doğru. O onu kesmiş, o orayı soymuş, o cinnet geçirmiş, o bunun parmağını doğramış... Yuh diyor insan, çüş hatta. Yok bebeğini küvette boğmuş. "Tüh Allah boynunu devirsin," diye bağırıyoruz gazeteyi okudukça. Zaten mahkûm geliyor anonsu duyunca, "Tamam," diyoruz, "gazetede okuduğumuz 3. sayfa haberinin sahibi buraya gelmiş." Allah seni kahretmesin. Mahkemenin her kararının gerçek suçluları mahkûm etmediğini burada öğrenmiş olsak da, yine de bu insanlarla aynı çatı altında kilitli olmak beni mutsuz ve tedirgin ediyor. Soruyorum, sorguluyorum haklı olarak. Canımı yakıyor. Ama cevapsız ve cevapları da manasız...

Ayın 5'inde koğuştan Şerifem de tahliye oldu, kaldık 10 kişi. Gitmeden birkaç gün evvel kendi aramızda veda gecesi düzenledik. Yarın da Emine Hanım gidecek. Ona da aramızda yine ufak bir şey hazırladık. Pastaydı, börekti vs. Öyle ıvır zıvır şeyler. Kalacağız 9 kişi. Böyle gecelerin en komiği, daha doğrusu trajikomiği, masadaki sohbetler oluyor aslında. Herkes başlıyor askerlik anıları misali mahpus anılarını anlatmaya. Uzun zamandır yatanı, birkaç kere tahliye olup tekrar geleni, cins cins arkadaşlar görmüş olanı var. Mesela diğer C'lerin koğuşunda birbirine âşık olmuş bir çiftten bahsediyorlardı. Biri öbürünü kıskanmış. Meğer iki gündür dışarısı karışıkmış. Kıskançlık kavgaları olmuş, koğuşlar karışmış. Çok çirkin, rezalet!

Tabii bir de erkekken kadın olup buraya gelen biri var. Karısını kıskançlık yüzünden öldürmüş, çocuğunu da çocuk esirgeme kurumuna vermiş, sonra da karısına olan aşkından kadın olmuş. Hatta tipini de karısına benzetmiş! Burada pembe kimlikle hiçbir şey olmamış gibi her gün abartı bir makyajla geziyormuş. Tüyler ürperten hikâyeler...

Şimdi yemek molası. Sağlıklı beslenmek şart. 5 buçuk gibi erken bir saatte yemek en güzeli vallahi.

Mönü:

Haşlanmış tavuk

Haşlanmış makarna

2 kaşık yoğurt, salata

Biraz mercimek

Fena değil, değil mi?

Güle güle Kızılşeker

"Şarkılar seni söyler
Dillerde nağme adın
Aşk gibi, sevda gibi
Huysuz ve tatlı kadın..."
– Güfte: Fakih Özlem

Pazar günü Müzeyyen Senar öldü. Büyük bir çınar devrildi, bir asır tarih oldu. Benzemez kimse ona, tavrına hayran olduğum... Cumhuriyet'in divasıydı. Rahmetli Nusret anneanneme bakınca sanki onu görürdüm, öyle benzerlerdi. Çocukluğum ikisini karıştırarak geçti. Çok ilginçtir ki saç renkleri bile dahildir bu benzerliğe. İkisi de yok şimdi. Mekânın cennet olsun Kızılşekerim. O yüce sesini bize sunduğun, bu Cumhuriyet'e armağan ettiğin için teşekkürler. Ve canım anneannem, nur içinde yat sen de. Hayat dolu, gerçek bir İstanbul hanımefendisiydin.

Anneannemi hatırlamak anılara götürüyor beni. İlk salıncağım anneannemin Gölcük Halıdere'deki çiftliğindeydi. Tam kümesin yanında bulunan iki ağacın arasına asılıydı. Koca halat iplerden elleriyle yapmıştı. Gençlik yıllarımda o salıncakta az mı hayaller kurdum! Şarkılar söyleyip hayaller kurduğum o salıncakta sallanırken ayaklarım hep gökyüzüne değecekmiş gibi hissederdim. İçimi her çekişimde rüzgâr ılık ılık eserdi. İki örgü halinde ördüğüm uzun saçlarım ve Patatina bebeğimle hayallerim vardı benim. Ve hep mırıldandığım şarkılarım...

Şimdi ayaklarım toprağı öylesine özledi ki... Ağacın sıcacık yeşilinin gölgesine salıncak kurmayı özledim. Sallanıp rüzgâra doğru fısıldadığım, inandığım, yeşerttiğim hayallerimi ve umutlarımı çok özledim. Serin serin sallanmayı özledim, özgürce...

Tüyler ürpertici

> *"...Leyla Bir Özge Can'dır*
> *Kara gözlü ceylandır*
> *Doyulmaz hüsn-ü andır*
> *Kanılmaz bir içim su*
> *Leyla, Leyla ah Leyla..."*
> – Güfte: Vecdi Bingöl

Özgecan, ah Özgecan...

20 yaşında, hayatının baharında, güzeller güzeli genç bir kız... Arkadaşlarıyla güzel bir gün geçirdikten sonra evine dönmek için dolmuşa biniyor. Çok büyük ihtimalle şoförün yüzüne bile bakmıyor. Nereden bilsin son göreceği suratın bu aşağılık surat olacağını? Uzatıyor parasını, oturuyor yerine. Camdan dışarı bakarken

belki de hoşlandığı çocuğu düşünüyor, kim bilir... Nereden bilecek son göreceği erkeğin direksiyon başındaki bu insan kisvesi altındaki mahlûk olacağını.

Kim bilir ne hayalleri vardı Özgecan'ın. Okulunu bitirecek, kariyer sahibi olacak, belki evlenecek, belki çocukları olacaktı. Belki de bunları henüz düşünememişti bile. Son düşündüğü, akşam ne yiyeceği, yarın ne giyeceği, ailesi, arkadaşlarıydı belki de. Bunları hiçbir zaman öğrenemeyeceğiz. *Ah yalan dünya, yalandan yüzüme gülen dünya...* Yalandan bile gülmedi dünya Özgecan'ın yüzüne.

Dolmuşa binerken hiç tedirginlik yaşadı mı acaba? İçine bir sıkıntı çöküp, keşke başka bir dolmuşa binseydim diye geçirdi mi içinden acaba? Sanmam. Hangimizin aklına gelir ki böyle bir şey? Toplu taşıma aracına biniyorsun. Özel aracına değil, toplu taşıma aracına güveniyorsun. Sanıyorsun ki bir denetimle oturtuluyor şoförler koltuklarına. Ne kadar da içi boşaltılmış her şeyin. Ve... Devamını getiremiyor kalemim.

Dön dolaş aynı canice, vahşice işlenmiş cinayet haberleri. Vicdan mektebini tanımamış, bir sürü mutsuz, psikopat, cahil insanlar silsilesi... Başka aileleri, ocakları söndürmekte ustalaşmış katil, cahil, cani eller... Nasıl yazayım ki devamını... İçimiz parçalanıyor...

Hani kar tüm mikropları kırardı?

"Şu an bir ağaca sarılmak istiyorum
Hem de sımsıkı sarılmak
Bak ben geldim diyebilmek istiyorum
Mesela bir ıhlamur ağacına
Mis gibi kokan gölgesinde
Ellerim ağacın gövdesinde..."
— Deniz Seki

Her yer bembeyazmış. İstanbul'u kar kaplamış ya hani.

Bizim üzerimize kar bile yağmıyor. Çünkü kar, yağacak yol bulamıyor. Tıpkı bizim gökyüzüne bakacak özgür gözlerimizin olmaması gibi. Gökyüzüne sadece bir köşeden baktığımız gibi.

Sanki burası sisli acıların üzerine bembeyaz o örtünün örtülmesini hakketmeyenler kulübü! Bizim üzerimize beyaz kar yağmaz tabii, lekeli insanlar sanki buradakiler! Ama herkes suçlu değil ki! Hem kar tüm mikropları kırmaz mıydı hani? Cezaevinin üzerine kar bile yağmıyor anlayacağınız.

Hayatı değerince yaşasak keşke...

"Kalp DENİZ, dil kıyıdır.
Denizde ne varsa kıyıya vurur."
— Mevlânâ

İnsanoğlu özne değil nesne gibi yaşıyor; ilmi merak, kainatı okuma, hayatı anlamlandırma azmi yok!

Bugünkü toplum sistemi: Evlen, doğur, büyüt, pişir, yıka, temizle, dizi izle, kalan zamanlarsa boş. Medya insanları yönlendiriyor. Herkes işini televizyon programlarına göre yapar oldu. Sosyal hayat internetten ibaret. Evlerdeki komşu ziyaretleri, aile sohbetleri, uzun masada, o keyifli akşam yemekleri bile tarihe karıştı sahiden de. Çünkü herkesin bir dizisi, herkesin kendine has bir programı olduğundan eşler ayrı odalarda oturuyor, çocuklar da kendi odalarında bilgisayarda vakit geçirip müzik dinliyor. İletişim eksikliği yerine iletişim kopukluğu yaşıyoruz, kendimiz isteyerek ve bilerek hem de. Birbirlerine sevgiyle bakan ve birbirlerinin olan insanlardan oluşan aileler çoğalsın istiyorum ben. Toplumun geleceği için çok önemli bir güvence bu bence.

Peki bu nasıl olacak? Daha sosyal, daha kültürel, daha çok birbirleriyle konuşan, birbirini dinleyen, anlayan, en önemlisi birbirine güvenen ve seven insanlar olmayı başarırsak şayet, bu sevgi dolu aileler de yeşermeye ve şahane evlatlar yetiştirmeye devam edecek. Sinemaya gidelim; eş, dost, konu komşu, dizileri izleyeceksek de hep birlikte izleyelim. Kendimiz dizi olalım, dizilelim. Hoş sohbet edelim, konuşalım. Konuşabilelim. Paylaşalım. Dinleyelim. Anlayalım. Güvenelim. Eğlenelim. Yeri gelince dertlere ortak olalım. Ağlayalım. Tiyatroya gidelim. Okuyalım her şeyi. Gazeteyi, kitabı, yazılan her şeyi, en ince ayrıntılarını bile, ne varsa biriktirelim...

Kelimelerimi kim çaldıysa çıksın ortaya!

"Sıkılmaktan sıkılır mı insan?
Sıkılır hem de çok sıkılır
Çünkü
Ben çok sıkılıyorum
Elimi koluma bağlayan
Adı çaresiz o her bir
Düğüme
İçin için söylenip
Sabır!
Her gün seni çağırıyorum
Neyse ki kırmıyor beni
Geliyor
Sağ olsun"

– Deniz Seki

Bu gece Mart'ın 12'si. Ameliyatımın üzerinden tam 21 gün geçmiş. Kocaman bir hastane maceram var. 15 gün hem özgür, hem hasta, hem mutlu, hem hüzünlü, hem aşkıma kavuşmuş, hem ondan ayrı; hem 9 aydır görmediğim annemi öpüp koklamış, hem ona hasret kalmışlığım var. Çıkınca belki de hiçbir şey konuşmadan uzun uzun annemin yüzüne bakmak, ona sarılmak istiyorum. İçim buruk. Bir kadın komutan, bir infaz koruma memuru, refakatçi ve ben... Cerrahpaşa'da, camları demir parmaklıklı, deniz manzaralı olduğunu bildiğim ama bakamadığım odamda 15 günlük bir hastane macerası. Hayatım seri halinde bir roman. Bir yandan çok fazla şey var yazacak, bir yandan da tek bir satır bile gelmiyor aklıma. Yazmaya mecali yok ne kalemin, ne ruhumun, ne dilimin. Oysaki yaşamın mürekkebi de bendim, kâğıdı da... Peki, kelimelerimi kim çaldı?

Durmuş saat gibiyim yine. Yelkovan bir yerde, akrep bir yerde. Ben tam ortasında duruyorum. Boş boş, bomboş. Bazen de tıkır tıkır çalışıyorum, ama işte bazen, o bazenleri kestiremiyorsun bir türlü. Sahi ben niye yine buradayım? Niye ikinci kez buraya geldim? Acaba neyi öğrenmem gerekiyordu? Misyonum ne?

Yaşadığım akıllara zarar o firari dönemde, hiç tanımadığım; çekmecesini, yatağını, yorganını, çatalını, kaşığını, düzenini bilmediğim evlerde kaldığım oldu. Hepsi de üç gün içinde kendi evimmiş gibi oldu. Öyle hissetmeliydim. Kendi düzenimi kurdum. Kendi minik objelerimle, eşyalarımla. Zaten eksiden beri böyleyimdir. Herhangi bir otele bile bir günlüğüne dahi gitsem, hemen benimsemek isterim orayı ki yabancılık çekmeyeyim. Sanki üç sene orada yaşayacakmışım gibi. Bu da bu firarı dönemde işime yaradı desem yalan olmaz sahiden de. Ama tuhaf, çok tuhaf bir duygu. Buruk bir tadı var. Hem buruk, hem çekimser ama aynı anda da girişken. Tuhaf ama doğru.

Buradaki koğuşumda da aynen öyle. Sanırsınız ki bütün okul yıllarım burada geçmiş, tövbe tövbe. Bayağı yerleşmiş ve bütünleşmiş durumdayım. Aslında bu duygu beni hem rahatlatıyor, hem de nedense ürkütüyor. Sanki burada doğduk, hep burada olacakmışız gibi.

ALLAH KORUSUN, TÖVBE TÖVBE.

Peki benim burada bu kadar boş zamanım var gibi gözükürken zamanı neden doğru kullanamıyorum? Vaktin yetmemesi sizce nasıl bir duygu durumunun işareti? Sadece ben değil, herkeste durum bu. Kimse yapmak istediği planları doğru düzgün yapamıyor.

Bazen acaba tek kişilik bir hücreye mi gitsem diyorum. Sonra saçmalama Deniz diyorum, otur oturduğun yerde, kafayı yiyeceksin orada; duvarlar, kitaplar bir de sen! İnsan yok, in cin top oynuyor.

Allah yardımcısı olsun tek kişilik hücredekilere deyip, halime bin şükredip oturuyorum aşağı.

Hakikat definesi vicdan musluğu

"Sen iyi ve doğruyken işlerin ters gitmeye başladıysa sevin. Daha iyisi için hazırlanmanı istiyor Allah."

– Aşkım Kapışmak

Burada hayat bana sabrı öğretiyor. Artık hoşgörü ve sabrı zayıflık belirtisi olarak görmeyip, güç alameti olarak saymaya başlıyor insan. Böyle bakıldığında nefis bir okul, ama çok sert! Tokat gibi...

Hayatın zor dönemleri insanın iç gücünü geliştirmek ve faydalı deneyimler edinmek için de olanaklar sunuyor. Burası bunun için de şahane bir yer. Çok mu övdüm size burayı? Bir coştum ki sormayın gitsin. Ama en önemlisi sevgi dolu olmak. Nereye gidersen git, en soğuk havalarda bile, suyun donmaması için vicdan musluğunu daima açık tutmak gerek.

İnsan topluluğunun bir parçasıysan eğer sevecen, iyi, sıcak kalpli ve vicdanlı bir insan olursun. Zaten sabrı da sırtında taşıyor olursun ister istemez. Adresin neresi olursa olsun sabır zaten daima seninle. Sahiciysen, kalpliysen, insanlığından da hiçbir şey eksilmiyor. Aksine çoğalıyor. Daha bir derinlemesine dalıp düşünüyorum diplerde. Vicdan musluğunu hep açık tutmalı insan, hep. Eğer sahiden insansa insan. Burada öyle ihtiyaç var ki sahiden insan olanlara.

Seni affediyorum Deniz

*"Kaydettiklerim kadar kaybettiklerim de oldu
benim
Kimini kendim yok etmek istedim, kimi kül olsun
dedim
Yakıp yıkıp kül ettim
Gönderdim benden uzak, benden öte mavi kubbeli
göğe
En sonunda fark ettim
Adım Deniz, kendimi affettim."*

– Deniz Seki

Sessizliğin içinde çığlık çığlığayım. Anlatması zor, oynaması zor, dayanması zor, söylemesi zor, yazması çok zor. Alt alta hepsini toplayınca bunun adı yorgunluk mu, yılgınlık mı, bıkkınlık mı, ruhsuzluk mu bilmiyorum ama kırgınım çok. Belki de ilk başta kendime. Bu hayattaki yanlış seçimlerime. Bunlara hatalarım demiyorum. Hatalar insanın toplamıdır çünkü. Yanlış diyorum. Çünkü hepimiz insanız. Tabii ki hatalar yapacağız. Deneyimlerimiz ve yaşadıklarımız bizim yapbozlarımızın parçaları olacak ve onları teker teker birbirine ekleyip kendimizi kendimiz yapacağız. Yapacağız, bozacağız, bulunca yeniden yapacağız. Ama ben hata değil yanlış bir karar sonucu, yanlış arkadaştan ötürü darbe aldım ve çok hasar gördüm. Büyük bir kazaya uğradım. Suya gömüldüm. Eğer bu yanlışımı defalarca tekrarlasaydım o zaman bunlar benim hatalarım olurdu. Ama yanlış veya değil, hatalar ve bedelleri bu kadar ölçüsüz olunca, artık fark etmiyor. Sonuçta koca bir darbeyle beni vuran ve en başa döndürüp hayatımı sorgulatan bir gerçekle yaşıyorum. Yine de çok güçlüymüşüm. Artık kendime olan kırgınlığımı ve kızgınlığımı halletme vaktidir, içime son ses, avazım çıktığı kadar "Seni affediyorum Deniz," diye bağırmak istiyorum.

Figen'in doğum günü

"İnsanın büyüdükçe mi artıyor dertleri?
Yoksa insan, büyüdükçe mi anlıyor gerçekleri?"

– Özdemir Asaf

Bugün koğuş arkadaşlarımdan Figen'in doğum günü. Burada doğum günlerinde masaları birleştiriyoruz. Hepimiz o gün karavanada ne yemek dağıtıldıysa, o malzemeleri kullanıp, evirip çevirerek açık büfe tarzı bir masa hazırlıyoruz. Mesela patates ise patates salatası veya minik kanepeler... İnanılmaz bir imkânsızlıkta inanılmaz bir pasta, cips, mısır, meşrubat, çay ve biraz gözyaşı, hatta bolca; birazcık da kahkaha. O da hüzün kokan, deli dolu cinsinden ve sonunda kahveyle sonlanan. Totem yapılan tahliye tarihleri, bakılan kahve falları. Arada bir de benden ufak bir konser; tabii eğer şarkı söylerken ağlamazsam.

Ben de çocukken her çocuk gibi hep büyümek isterdim. Yaz biterken ağlamaklı bir sonbaharın sesi... Kış demişken bembeyaz tül endazesi. Hayatın terazisi tam da kendisi. Büyümeyip çocuk kalmak en güzeli, en hayırlısı. Ama sen çok yaşa Figen, doğum günün kutlu olsun...

Resmetmek

"Resim, kelimesiz bir şiirdir."

– Horatius

Bugün resim kursuna başladım. Rengârenk, soyut bir tablo yaptım. Kurs bitiyor ama ben ancak kendimi hazır hissettim, o yüzden biraz geç oldu başlamam. Neyse ki hoca beğendi resmimi, kendimi gerçekten bir öğrenci gibi hissettim. Bir de bugün görüş günümüzdü, yine şık olmak istedim gelenlerime, ama görüş için giyindiğim kıyafetlerle kursa geçince üstüm başım da resmim gibi rengârenk, boya içinde kaldı. Sevdim yine de kendimi.

Tuvali yaşama benzetiyorum. Doğduğunda bembeyaz, sonradan resmediliyor hayatın ancak silgi kullanamıyorsun, geri dönüş yok. Bizim resim atölyesinde ise herkesin önündeki tuvalde mutlaka beyaz bir güvercin resmi var. Sanki en güzel beyaz güvercini kim yapıyor yarışmasındayız. Haksız da değiller. Çünkü burada tek bir şey var insanın kafasında: 7/24 özgürlük, sevdiklerine kavuşmak ve nihayetinde huzur. Beyaz güvercin barışı olduğu kadar, ruhtaki huzuru da simgelermiş. Tuvalde mi arıyoruz yoksa huzuru, özgürlüğü ve sevdiklerimizi?

Kurs sonrasında tekstil atölyesinden Ayten adında bir kızla tanıştım. Bir anı defteri hazırlamış kendisine. Buradaki arkadaşlarının fotoğraflarını yapıştırmış, yanlarına da duygularını yazdırmış, fakat sayfanın sonunda herkes imzasının yanına suçu ne ise artık onu yazmış. Tek tek baktım. Çok ilgimi çekti. Mesela falanca Ayşe, koğuşu F4 diyelim. Suçu: kalpazanlık, yani sahte para basmak. Zehra, koğuşu G5, suçu: bilişim, vs. vs. Bir an düşündüm. Ben ne yazsam acaba suçu kısmına? Deniz Seki, suçu: günah keçiliği; ya da kadın ve şöhretli mi yazsam acaba? Veya Deniz Seki, suçu: barones! Tövbe tövbe.

Hey hayat! Sana inat, ben her daim, hiç solmadan yeşereceğim.

Ve Kayahan, büyük ustam bir kuş olup uçup gitmiş

"...Böyle gitmek var mıydı?
Demek bize yine hüsran, bize yine hasret var.
Bize yine esmer günler düştü..."
– Kayahan

Yandı yüreğim, öldüğünü duyduğum o an. "Atın beni denizlere. Yalan dünya size kalsın," demiştin ya hani. Sen melekler gibi rahat uyu yattığın yerde. Yalan dünya bize kaldı. İnsafsız yalan dünya. Yerin asla dolmayacak büyük ustam. Ve senin gibi büyük bir ustaya karşı son vazifemi yapamamış olmanın derin sancısı içerisindeyim. Doğanın da ötesinde yanında olamamak çaresizliğimin resmi. Şu an Bakırköy Cezaevi'nde, A1 koğuşunda, tüm mahkûm arkadaşlarımla senin cenaze törenindeyiz. 37 ekran televizyonun karşısında oturmuş, sana hem dua ediyor, hem ağlıyoruz. Bu nasıl bir acıdır yüreğimdeki, tarifsiz. Tarifi mümkün değil. Önünde saygı ile eğiliyorum. Odalarda ışıksızım, katıksızım, viraneyim. Beni sensiz duvarlara, yazan benim, divaneyim... Rahat uyu. Seni kim unutabilir ki BÜYÜK USTA.

Hastane yolunda

"Bazen rüzgâr esmez.
Esmedi mi esmez yıllarca.
İnsanı en çok kendini hayal kırıklığına
uğratmak mahveder.
Bir yandan onların alayı,
bir yandan senin kendine
biçtiğin başı sonu olmayan eza...
Dert, dermansızlaşır..."
– Düğümlere Üfleyen Kadınlar/Ece Temelkuran

Saat sabah 10.00 suları. Ringdeyim ve Cerrahpaşa'ya ameliyat sonrası ilk kontrolüme gidiyorum. Yine aynı oyunu oynuyor kader bana. Ben araca biner binmez radyoda direkt benim şarkım çalıyor: "Hayat iki bilet." Vay be diyorum, ne şans! Artık benim için bu bile bir şans. Çünkü Kral TV hariç kendimi ve şarkılarımı duyabileceğim başka bir mecra yok. Şarkım beni benimle karşılıyor. Hem hoşuma gidiyor, hem de hüzünleniyorum. Oysaki ben bu şarkımı, şarkılarımı ne hayallerle yapmıştım. Şarkılarım hem yetim, hem öksüz kaldı. Hayat iki bilet, biri gidiş biri de dönüş. Benim ne zaman döneceğimse belli değil. Sen ister dövüş, ister seviş. Ben hayatla dövüşüyorum şu an. Ve içim acısa da hafifçe gülümsüyorum bu kozmik şakaya.

Hayat kırıklığı

"Yalancı dünyaya konup göçenler
Ne söylerler ne bir haber verirler
Üzerinde türlü otlar bitenler
Ne söylerler ne bir haber verirler."

— Yunus Emre

Kuşum, Meleğim öldü bugün. Çok mutsuzum.

"Âşıklık verme mesleğidir, almak olmaz," dedi televizyonda biri. Sevmek de öyle, kuşunu bile. Ben bir kuşu yaşatamadım. Buraya hapis geldi, annesinin, yani benim yanıma ve ben onu yaşatamadım. O kadar çaresiz ve o kadar üzgünüm ki, tarifi mümkün değil duygularımın. Cuma günü dışarıda gömülsün diye Meleğimi morga, yani bir poşetin içine koyup buzdolabına yolcu ettik.

Bizim Zincirlikuyu'muzda toprak bile olmadığı için kuşumu gömemedim. Topraktan geldik toprağa gideceğiz, ama burada her yer beton. Bir kuşu gömecek kadar bile toprağın olmadığı mutsuz bir yerdeyim. Ne yazık, çok üzgünüm. Bakamadım meleğim sana, yaşatamadım seni... Ben bu duyguda bu kadar hırpalanmışken, kuşumu kaybetmiş, dağılmış, yüreğim pare pareyken, alt katımda 8 aylık bebeğini elleriyle boğan bir anneyle aynı çatı altında olmak boğazımı düğüm düğüm ediyor. Bu gece her zamankinden farklıyım. Bu gece Meleğim gitti.

Üçüncü Defter

Kadın her yerde kadındır

"Dağda biraz kar var
Bahar unutmuş olmalı
Sahi bahar yorgun
Kardelenler bile solgun
Lakin yaz geç kalmamalı
Çiçekler solmamalı..."
 — Deniz Seki

İlk yakalandığım firari dönemin ardından 16 Kasım Cumartesi, o uğursuz cumartesi günü beni Vatan Caddesi'ndeki emniyete götürdüler. Rezalet bir yer, hatta rezalet ötesi. Adı üzerinde nezarethane. Lakin eksik olmasınlar, kibar davrandılar ellerinden geldiğince, ama durum berbat ve mekân fena pis. Yer yatağı delik deşik, içi geçmiş bir sürü battaniye, hava buz gibi, içerisi hırlı hırsız adam kaynıyor. Hoş geldiniz Deniz Hanım diyorlar, horlayanlar cabası. Neyse, prosedür ne ise uyacağız. Kesilmiş biletimiz, keçiyiz bir kere sütten kesilmiş. O gece bitmedi, bitmek bilmedi. O lanet, rezil, kahrolası, hain gece. Ah o 16 Kasım ah... Sabah oldu. Memurlara dönüp, "Size çok saçma gelecek ama sizden bir şey rica edeceğim," dedim. "Cezaevine gitmeden önce benim yüzüme mutlaka bir şeyler sürmem, kendimi iyi hissetmem, moral bulmam lazım." Memur kız bana güldü. "Ne olur, çok ciddiyim," dedim. Çantamda vardı bir şeyler ama yanıma vermemiş, emanete almışlardı. "Eğer mümkünse başkomiserden izin alabilir miyiz? Tabii size zahmet olmazsa? Sahiden kendimi çok kötü hissediyorum," dedim. Kızcağız baktı ki ben çok ciddiyim, vallahi gitti konuştu amiriyle. Sonra beni tuvalete çıkarıp o küçücük lavabo kılıklı yerde bana hem kendi malzemelerini verdi, hem de çantamdan 2-3 parça eşyamı kullanmama izin verdirdi. Sağ olsun. O anı, o aynanın önünde bayan memur bana bakarken hazırlanışımı ömrüm boyunca unutamam. O küçücük tuvaletin içinde, "Allahım, ben sahiden ne kadar güçlü bir kadınım. Sana şükürler olsun. Ama keşke bu kadar güçlü olmasaydım. Acaba bu nasıl bir güçtür ki şu halde şunu yapabiliyorum," diye düşündüm kendi kendime. Lakin hapse giderken bile yıkılmadım, dimdik durdum. Telkin ettim kendimi ve bir kez daha dedim ki, "Kadın her yerde kadındır. Nezarethanedeki kenefte bile."

Cezaevi stüdyosu

*"Elinizde sadece çekiç varsa
tüm sorunları çivi olarak
görmek istersiniz."*
– Abraham Harold Maslow

Ve bugün aylardır, benim ve avukatımın yoğun çabalarının, Adalet Bakanlığı'na defalarca yazılan dilekçelerin sonucunda kütüphanenin görme engelliler için hazırlanan kısmında bulunan bir bilgisayarı her hafta belli bir süreliğine kullanmama izin verildi. Bilgisayarda bir sayfa açıldı. Hemen bir şifre koydum. İki mini hoparlörüm, mini bir mikrofonum ve Benq marka ekranımla ilk stüdyo günümü karşıladım. Bakalım bu klavye ve bu mouse'la nasıl besteler yapabilirim. Normalde kullandıklarıma benzemeseler de aslan gibi yoldaşlar bana. Çarşamba ve perşembe günleri artık buradayım. Bugün ilk günümdü, fakat bilgisayar kaput, çalışmıyor. Hani Rafet el Roman'ın "Macera Dolu Amerika" diye bir şarkısı vardı ya, ben o şarkıyı şimdilik "Macera Dolu Denizin Hayatı" diye çeviriyorum.

Az sonra cezaevi teknisyeni geldi ve bu eski bilgisayarı çalışır hale getirdi. Açtım sayfamı, girdim şifremi. Oda sözde izole, ama ben bu arada bütün dış sesleri duyuyorum. Eminim onlar da ben "a" desem duyarlar. Çekiniyorum. Mırıl mırıl, bilindik bir şarkımı kaydediyorum. Sonra siliyorum hemen. "Suya Hapsettim." Hapisli şarkı zaten o şarkı. Büyük bölümünü geçmiş zamanki ilk gelişimde yine burada yapmıştım. Neyse bir duruyorum, bir düşünüyorum. İçimden hiçbir şey yapmak gelmiyor. Sonra gitarımı akort etmek istiyorum. Akordu fena bozuk. Bari egzersiz yaparım, çok biliyormuşum gibi minik bir melodi çıkarmıştım, onu kaydederim en azından. Eğitim biriminden İbrahim Bey geliyor. Sağ olsun bir de Muammer Müdür. Ellerinde, koğuşuma yasak diye aylardır bana veremedikleri akort aletini görüyorum. Aşkım benim, nasıl güzel bir akort aleti almış, bayıldım diyorum. Küçücük bir şey. Gitarın sapına takıyorsun ve yeşil yanana kadar tıngır mıngır iki dakikada hallediyor işini, nefis. Ben de sahne insanıyım diye geçiniyorum. Adımı dahi unutmuşken böyle şeyleri görünce şaşırmama şaşırmamam lazım. Elime mikrofon almayalı bir seneyi geçmiş. Ooof. Şarkı kim, ben kimim? Dur bakalım, ilham perilerimle bir görüşeyim. Belki bugün çıkmasa da yarın veya başka bir gün neden olmasın. En komiği de gitarı elime alıp tam havaya girip bir dominör basmamla klimadan şıpır şıpır su damlamasın mı! Amanın ben de ilham milham hak getire o an. Altına koyduğum gibi kovayı, şıp şıp şıp damlıyor. Sinirim bozulunca aldım elime kalemi, başladım stüdyoda olan biten her şeyi size yazmaya. Ee, ne yapayım?

Portekiz'den bildiriyorum

"Ben annemi nasıl sevmem ki; o beni bir müddet karnında, uzun bir zaman kucağında, ölünceye kadar kalbinin şefkatli köşesinde taşımıştır. Ona saygısızlık göstermekten daha aşağılık bir şey bilmiyorum."
— Abdurrahman Câmî

Belen Kulesi'ni gezdim bugün annemle. Portekiz Lizbon'daydık, sonra şahane bir araba müzesini gezdik anneciğimle ve oradan Porto'ya doğru yola çıktık. Porto Portekiz'in ikinci büyük şehriymiş. Hava da çok sıcak ama ne yapalım işte. Şehrin pazarını arıyoruz şimdi. Porto'nun en güzel yeri pazarıymış. Sonra anneciğimle yerel bir restoranda kendimize nefis midye ziyafeti çekeceğiz. Delirdiğimi mi düşünüyorsunuz? Benim içinse hayaller ve umutlar olmasaydı ruhum çolak olurdu. O zaman ben de ben olmazdım ve bu çekilmez hayat bu kadar manalı görünmezdi gözüme. Keşke tertemiz akan bir nehrin kenarında yazıyor olsaydım bu satırları, ama maalesef Bakırköy C.İ.K. kenarından yazıyorum.

Benim için çok buruk olan bu anneler gününde kendimi yalnız hissetmemek ve kafamı dağıtmak adına televizyon kanallarını gezerken ekrandaki görüntü beni bir Portekiz seyahatine davet etti. Ben ve anneciğim de birlikte çıktık kafamdaki bu hayali seyahate. Gözlerim açık, Portekiz'deyim. Kâh gülümsüyorum, kâh deliriyor muyum acaba diye hayıflanıyorum, ama bütünde tek hissettiğim hüzün.

Beynimdeydin, yanımdaydın anneciğim. Kalbimdeydin, aklımdaydın. Biliyorum ki ben de senin yüreğindeyim. Sıcacık ana yüreğinde... Kavuşacağımız o günü beklemenin sabırsızlığı içindeyim ve biliyorum ki bugün kızın yanında olmadığı için sen de çok hüzünlüsün. Ama ne olur sen de bir anlığına hisset beni. Gel el ele tutuşalım. Yıkalım aramızdaki bütün engelleri. Bizi birbirimizden uzak tutan sevimsiz, manasız engelleri. Tez vakitte kavuşmanın hayalini kuralım. Bugünden kavuşalım. Seni çok seviyorum benim dünyalar güzeli anacığım. Hayallerimizin en kısa zamanda gerçek olması dileğiyle... Daima göğsümde, yüreğimde, canımdasın, yanımdasın. Hem doğum günün, hem anneler günün kutlu olsun ve bundan sonraki her günümüz hep mutlu olsun. Çıktığımda sana zamanı unutturacak kadar uzun sarılacağım.

Oturdum ve anneciğimle işte böyle bir Avrupa seyahatine çıktım. Hafta sonu anneler günü kaçamağı. Gerçeğinin de en kısa zamanda olması dileğiyle. Amin.

Bu yerinden kıpırdamadan yapılan seyahatler hem masrafsız hem de telaşsız oluyor. Koğuş arkadaşlarımla da yapmaya başladık. 10 metrekarelik bir odada hapis olabiliriz ama, ne zaman istersek atıveriyoruz kendimizi sokaklara. Hayal dünyası gözlüklerimizi takar takmaz ver elini dünya turu... İyi geliyor, hem de çok iyi geliyor. O anlık da olsa, buz gibi nefis bir içeceğin verdiği haz gibi serinletiyor içimizi. Buna da şükür deyip şimdilik yolculuğa hayallerde devam ediyoruz. Özgürlüğe uzak kalmış endamımızla çığlık çığlığa giyiniyoruz hayallerimizi.

Asla unutmayacağım bir konser

"...Hayat zorlaşınca
Çıkmaz sokaklarda soluksuz kalınca
Azalınca manadan
Seyyar sevdalarda parçalanınca

Dil yetmeyince
Göz görmeyince gönül hissetmeyince
Kırılınca camdan kalp
Dönüp yalnızlığa kilitlenince

O zaman şarkı söylemek lazım avaz avaz
O zaman şarkı söylemeli çığlık çığlığa
O zaman yüreğin yükü hafifler belki biraz
O zaman şarkı söylemek lazım avaz avaz..."

– Sezen Aksu

Bugün burada bir konser olacağı bilgisi geldi kulağıma. Kim diye sorduğumda önce hiç kimse cevap veremedi. Bilmiyoruz dediler. Fakat görüşe gelen arkadaşım, Faruk'umun ve Serkan'ımın burada olduğunu söylediği anda bende ampuller yandı ve dedim ki tamam, kardeşim de gelmiş konsere. Canımın içi, nasıl da heyecanlıdır o şimdi. Aşkımsa, canımın yarısı da bana sürpriz yapıp izin almış ve buraya gelmiş, diye geçirdim kafamdan.

Ve tam görüşten dönüyorum. Koridorun köşesinde, uzaktan Serkan'ımı, Faruk'umu, Linet'i, Savcı Bey'i ve yanındakileri görüyorum. Yaprak gibi titremeye başladım o an. Yer yarılsa da içine girsem keşke diyebilecek kadar da ezildiğimi hissettim. Çünkü koşup sarılmam yasak! Onlarsa ilk kez cezaevi içine giriş yapıyorlar. Odamın içini görmeseler de aşağı yukarı nerede yaşadığımı gördüler. O an aşkımla göz göze gelip savcıdan izin alıp bir sarılmamız vardı ki duygularımı tarif etmek mümkün değil. İçimden deli gibi çığlıklar atan yüreğimle, imdat aşkım, kurtar beni buradan diye haykıran gönlümle... Kardeşime de sıkı sıkı sarıldım. Yine hem çok mutlu hem çok hüzünlüydük. Ne işim var yarabbim benim burada diye bir kez daha çimdikledim kendimi, ama hayır, buradaydım işte. Gözyaşları içinde koğuşuma geri döndüm, arkadaşlarımı da alıp geçtik konferans salonuna. Aşkım, Serkan ve Linet protokolde. Bense hemen onların arka sırasına oturup aşkımla iki büklüm el ele tutuşup, gözlerimizle konuşarak başladık ağlamaya. Bu bir cezaevi anneler günü konseriydi. İçeride öyle çok pamuk minik var ki, burada doğanı, sonradan annesiyle burada yaşayanı... Dünyadan habersiz, eğlenmeye aç minik melekler... Anaokulu gösterisiyle program akışı başladı. Barkovizyondan o çocukların yüz ifadeleri, mesajları ve buradaki durumları yansıtıldı. Rüyada gibiydim. Hem aşkım, hem kardeşim, hem de sanatçı bir arkadaşım benim için gelmişlerdi ve o minik bebeler için ne kadar da kıymetli bir iş yapmışlardı.

Folklor gösterisinin ardından Serkan'ım sahneye çıktı. Ne kadar gurur duydum desem yine de az kalır. Öyle içten, öyle tatlıydı ki; ve maalesef albümü çıkalı bir yıl olmasına rağmen benim koğuş arkadaşlarım dışında kimse bilmiyordu Serkan'ımın kendi albümü olduğunu. Ama biliyorum, o çok iyi yerlere gelecek. "Feryat"la başladı konserine "Ham Yaparım"la bitirdi. Ne güzel de söyledi canım Serkan'ım. Sonrasındaysa Linet çıktı sahneye. Muhteşem bir konser verdi. Herkes eğlenirken, ben ve aşkım sadece bakıştık ve çaresizliğimize ağladık. Benim su içtiğim şişeden su içip, birbirimize değmeden dokunmanın, hissetmenin hüznü ve mutluluğunu yaşadık aynı anda. Konserin sonunda kardeşim, "Halinizden en iyi ben anlarım, çünkü bir mahkûm yakınıyım," dedi ve sözlerini, "Allah kurtarsın"la noktaladı. Ve işte ben o an bittim. Ama yeniden doğacağım ve aslanlar gibi hayata sımsıkı bağlanıp ölene kadar şarkı söyleyeceğim.

Farkındalık keşfi

"Yol uzun, menzil uzak..."
– Feridüddin Attar

Buraya ikinci kez gelmemin üzerinden tamı tamına 7 ay 12 gün geçtiğini görünce vay anasını dedim kendi kendime. Daha dün gibi gelişim, o şaşkınlıkla dolu yüz ifadeleri. Daha önce geldiğim A1 koğuşundaki farklı yüzler, farklı kişilikler, farklı ruhlar ama aynı suçlardan bir araya toplanan yeni mahkûm arkadaş grubum. Ve onlarla tek tek tanışmam. İlk önce onların bana uzaydan gelmişim gibi bakışları... Kiminin daha mesafeli, kiminin daha sıcak oluşu. Şebnemciğimin misafirperverliği ve diğer kader arkadaşlarımla tek tek sohbet etme ve birbirimize ısınma merasimimiz hiç gitmiyor gözümün önünden. Daha önceki gelişimden ne farkı var diye düşünüyorum. Hiçbir farkı yok. Sadece sen geçmişe göre farklısın diyor içsesim. Çünkü diyor, artık hayatın daha da farkındasın, farkındalık keşfine çıktın. Kendinden öyle sıkılmışsın ki asıl olan özünü arıyorsun. Bakalım o burada mıymış ya da bu kapının ardında mı? İnanın ki bu sorunun cevabını hâlâ bilemiyorum. Belki de bildiğim gerçeği yutkunuyorum. Karışığım çok, demiştim değil mi? Çocukluğum geliyor gözümün önüne. Anneannemin Gölcük Halıdere'deki çiftliğine gittiğimiz günler. Serkan'ım daha doğmamıştı, annemin karnındaydı o vakit. Rahmetli babacığımsa hayatta. Her hafta sonu ailemle Halıdere'ye giderdik. Yol üzerinde, tam İzmit'i geçince kocaman bir hapishane vardı. Oradan her geçişimizde, o demir parmaklıklara yapışmış, dışarıyı hasretle seyreden kafalar görürdüm. Bir gün babama sordum: "Babacığım burası neresi böyle?" Babam bana oranın bir hapishane olduğunu söyledi. Ürkmüş ama merak da etmiştim. Acaba insanlar o küçücük kafes gibi pencereden dışarıyı nasıl seyredebiliyorlar, nasıl nefes alıp verebiliyorlardı? Dışarısı oradan nasıl gözüküyordu? İçeride ne yapıyorlardı? Al işte! Gördün nasıl seyredildiğini dedim kendi kendime sonra. İyi ki merak etmişsin. Çok merak edilecek bir şeymiş gibi! Bu sevda bu şehre sığmaz diyen, yüreği sevmekten öte hiçbir şeye önem vermeyen beni de o dört duvara tıkadılar işte. "Yol uzun, menzil uzak" ama yoldayım ben de...

Cezaevindeki ikinci doğum günüm

"İyi kalpli ve sevecen olmanın mükemmel olmaktan daha iyi olduğunu öğrendim."

– Özdemir Asaf

2009 yılında 39. yaşımı o dönemki mahkûm arkadaşlarımla yine mahkûm sıfatı ile yine aynı koğuşta ve ömrüm boyunca unutamayacağım ilk ve son doğum günüm olarak kutlamıştık. O zaman da çok hüzünlensem de kime kısmet olur ki böyle bir deneyim diye düşünmüştüm. Tepemde pullu tişörtlerden bir disko topu, başımdan aşağıya atılan gazete kâğıtlarından yapılmış konfetilerle duş lifini başıma takıp kurumun verdiği mor çarşafı kendime tuvalet diye tasarlamıştım. Arkadaşlarımı biraz da olsa güldürmek için plastik sahne yapıp masanın üzerine çıkmış, şarkılarımı orada söylemiştim. Kimseye kısmet olmaz bu türden bir doğum günü değil mi? Düşününce hem hüzünlü, hem de gerçekten merak uyandıran ama her türlü hüzne rağmen kıymetli bir deneyim, hem de çok kıymetli. Bu kelimeye çok sık rastlayacaksınız: Kıymetli. Lakin sene 2015. Şimdi 45. yaş günümde doğum günümü yine hapishanede kutluyor olmak çok daha hüzün verici. İçim çok buruktu ama arkadaşlarım o kadar tatlıydı ki, üstelik kendi dertlerini rafa kaldırıp beni mutlu etmek için kelebek gibi çırpınıyorlardı karşımda. Kim bilir, belki de ben de onlara dertlerini azıcık unutturabilmek için buradayımdır. Onların ışığı, enerji jeneratörüyümdür belki de. Hepsine minnettarım.

Saat 17.00 gibi kütüphanedeki çalışmamı tamamlayıp içimden inşallah kendilerini çok yormamışlardır diye düşünerek koğuşa doğru ağır adımlarla yürüdüm. Bir yandan da görüşüme gelen arkadaşlarımı, dostlarımı tek tek aklımdan geçirdim ve çok duygulandım. Sevilmek hem şahane, hem de çok kıymetli bir duygu. Ofis çalışanımdan orkestra arkadaşlarıma dek ailem, dostlarım, herkes geldi. Çok özlemişim hepsini de. Bir tek aşkım gelmedi, onu çok bekledim. O cuma günü gelecekmiş. Öyle karar vermiş. Neyse, kızıp küseceğim ona, gelince görür o!

Gelelim koğuşa ilk girdiğim andan itibaren başıma gelenlere... "Bu Sevda Bu Şehre Sığmaz" Kral TV'de çalmaya başlar ve Gülenay bana seslenir. Hadi Deniz Hanım seni bekliyoruz der ve ben koğuşumdan çıkıp yavaş yavaş yürüyerek merdivenlerin başına geldiğimde hıçkırıklara boğulurum zaten. Normalde adım atıp merdivenlerden alkışlarla inip sahneye çıkarım ya hani, aynen o havayla, o edayla volta attığımız bahçeye doğru yürüyorum ve "Ölsem de Kalsam da Çare Bulunmaz" diyorum bağıra bağıra televizyondan gelen sesime eşlik ederek. Arkadaşlarımın hepsi hem ağlıyor, hem alkışlıyor. Bir yandan da bana bu güzelliği armağan ettikleri için çok mutlular. Hepsi benim saç modelimi yapıp rengârenk tokalar takmış saçlarına. (Ben çok toka takıyorum burada, renk renk.) Hepsi pırıl pırıl giyinmiş. Benim için bir masa hazırlamışlar ki inanamazsınız. Bu yoklukta 10 çeşit, her biri ayrı nefislikte yemekler yapmışlar. Mönümüz irmikten 3 çeşit börek; gelen patatesli köfte yemeğinin köftelerinin ayıklanıp yıkanıp kızgın yağda kızartılmasıyla yaratılan misket köfteler. Patates kızartması (aslında daha çok patatesli kroket gibi). Pideden peynirli başka türlü bir börek. Patlıcan yemeğinin patlıcanlarının soslanmasıyla yaratılan soslu patlıcan. Ev yapımı limonata. Ve üç katlı, bisküviden bir pasta. İçinde yok yok. Süslemişler. Üzerine, 4 numara örgü şişine not yazıp pasta yazısı yapmışlar. Şu an hiçbir pastanenin pastasına değişmem o lezzeti ve tabii ki bu sofrayı dedim. O dakika bu masa sahilde, deniz kenarında bir yerde olsa burayı oraya da tercih etmezdim. O kadar başka bir büyü, bir tılsım vardı ki orada, kelimelerle ancak bu kadar anlatabiliyorum Bir yandan da burada yaşadığım ikinci doğum günüm. Yarabbim bu son olur inşallah diye düşünerek kulak çubuklarından yapılmış pasta mumlarımı söndürüyorum. Dileğim hayatımın bundan böyle özgür, tertemiz, bana yapışan bu suçtan aklanmış bir şekilde, pırıl pırıl, bolluk bereket içinde geçmesi. Ve tabii elimde mikrofonum, cebimde şarkılarımla, sevdiklerimin yanında, aşkımın yanı başında, mutlu mesut ve sağlık içinde olabilmeyi de diliyorum. Öyle olacağını hissediyorum. Her şey için bütün hayatıma teşekkür ediyorum ve boğulurcasına, hıçkırarak ağlıyorum. Susturamıyorlar beni bir türlü...

Doğum günü ikinci perde

"Affetmek, zaferin zekâtıdır."

– Hz. Muhammed

Mumları üflerken geçmişin bizi ezmesine izin vermeyelim arkadaşlar. Hadi herkesi bağışlayalım, hafifleyelim. Kendimizi affedelim önce. Ve işte böylece şahane pastamı kesiyorum ve pastamı huzurla ama gözümde yaşlarla yiyorum. Burada ne öğreniyor insan bir de biliyor musunuz? Kusursuz olmak, iyi geçinebilmek gibi şeyler ancak birbirimizin kusurlarını hoş görerek mümkün olabiliyor. İşte bunu öğretiyor bu süslü mezar bize. Gelecekte bizi bekleyen bir sürü güzel olasılık var. Bunu bilmek bile hayat enerjisini yükseltiyor insanın. "Keşke" kelimesine veda ederken "iyi ki"lerimizi de çoğaltıyoruz hep birlikte. Daha gelebildim mi "iyi ki buradayım" demeye bilmiyorum, ama bunu fark edebilmenin bile, "şu an iyi ki buradayım" diyebilmenin yanında az kaldığını görüyorum. Bu yaşıma böyle bir yerde, hiç tanımadığım ama bir arada yaşamak zorunda kaldığım, tanıdıkça sevdiğim, kabullendiğim ve aynam kabul ettiğim kader mahkûmu arkadaşlarımla sürpriz bir partinin öznesi olarak girip, imkânsızlıklar içinde yaratılanlara şaşkınlıkla bakarken, "iyi ki bu anı yaşadım" diyebilecek kadar büyüdüğüme şahit oluyorum. Burası düşmekten asla korkmayıp yürümeyi her daim hatırlamak zorunda olduğumu hatırlatıyor bana.

Her açık görüş günü

"Mesela yarın Güneş'le beraber doğsam
Veya Ay'la bir yolculuğa çıksam
Tam da Deniz'in orta yerinde
Masmavi gökyüzü tepeden seni ve beni görse
Mutluluktan sımsıkı sarılsak o an birbirimize
Ve mesela bir sürü balığın şahitliğinde
Bir olsak, hayat olsak..."
– Deniz Seki

Bugün açık görüş günü. Nişanlım için hazırlanırken bir yandan onunla flört ediyor, bir yandan da her defasında ilk randevuma gider gibi hissediyorum. Dönüşte kırık dökük bir koğuşa dönüyorum. Ailemle de öyle oluyor. Tuhaf bir sevinç ve bir bayram sabahı edasıyla hazırlanıp sonrasında büyük hüzün yaşıyorum.

Bu sırada Kral TV'de *Bu Sevda Bu Şehre Sığmaz* çalıyor. O da ne! Günün sanatçısı olmuşum. Televizyon beni bana anlatırken ben de koğuşta Gülenayımla yarınki kantin gününün listesini yapıyorum. Çikolata mı alsak? Hacı Şakir yazsak mı acaba? Bir an donup kalıyorum ve kendime ne kadar yabancılaştığımı, kalbimin nasıl da buzla kaplandığını düşünüyorum, ama içi sımsıcak. 100 derecenin üzerinde bir sıcaklıkla kaplanan bir buz kütlesi. Ne oldu bana böyle?

Ece, "Aaa Deniz Abla günün sanatçısı olmuşsun," diye sesleniyor uzaktan. "1970 yılında İstanbul'da dünyaya geldi," diyerek bana beni anlatıyor televizyondaki ses. Ben de kafamı televizyonun tam yanına yanaştırıp ekrandaki fotoğrafımla yan yana poz veriyorum. Tam bir durum komedisi ama maalesef biraz trajikomik. Üzerimde pudra tonlarında gri bir şort pijama takımı var. Önümde koca bir Micky Mouse. Yanımdaki ekranda, "Şarkıcı Deniz Seki günün sanatçısı," diyor. Bense sanki ekrandakinin mahkûm pijamalı, kendinden uzaklaşan kız kardeşi veya bana benzeyen yabancı birisiyim.

Kızlar moralimi düzeltmeye çalışıyorlar. Saf ve duru görünüyormuşum. Hayretler içinde seyrediyorum kendimi. Oradaki Deniz ve buradaki ben. İçim dışım öyle farklı ki birbirinden.

Şimdilik koğuşta 6 kişi kaldık, ama geçici bir durum bu. Hepimiz birbirimizin aynasıyız aslında. Farklı kimlikler, farklı karakterler, farklı duygular, farklı iniş çıkışlar. Kendim de dahil hepimize şöyle uzaktan baktığımda, yüzme bilmeyen bir çocuğun suyla ilk tanışması gibi umut etmeyi alışkanlık haline getirmeye çalışan, çırpına çırpına da olsa asla batmadan, umudunu kaybetmeden yaşamaya kararlı 6 farklı kadın görüyorum. Birbirimize söylediğimiz pek çok şeyin aslında kendimize söylediğimiz şeyler olduğunu anlıyorum. Başkalarına söylediğim laflar her defasında kendi yüzüme patlıyor tokat gibi.

Bir gözü yaşlı, sürekli ağlayan, burada olmayı kendine bir türlü yediremeyen Sevgi adında bir arkadaşımız var (ben bu kadar ağlayan görmedim). Maalesef kimseye hayır diyemeyen; o da kendini önce canan sonra can sınıfına uygun gören ve sonunda dolandırıldığı halde kendisi dolandırıcı sıfatına uygun görülerek buraya atılan bir kadın. Cezası 14,5 yıl. Çok ağır. Her bir olayının nasıl geliştiğini, bu talihsizlikleri üst üste nasıl yaşamaya başladığını her anlattığında ona hep diyorum ki, "Şu an buradasın ya, nefes alıyoruz ya, kendini dinlemen ve içine doğru yol alıp içindeki limanları keşfetmen için şahane bir yolculuk fırsatı bu. Bunu mutlaka yaşamalısın ya da yaşamalıymışsın. Çünkü kendinde değiştirmen gereken, yeniden inşa etmen gereken bir sen var. Şimdiki sen senin buraya kadar gelmene sebep olacak, olabilecek derecede hatalı." Peki, niye hatalı? Hayır demeyi kendi diline ve beynine kabul ettiremediği, kimseyi kırmamak pahasına hayatını kırıp döktüğü, kariyerini çöpe atmayı göze alabilecek saflıkta olduğu için! "Bak şimdi daha bencil olmaya başladın. Bak şimdi karşındaki insanları sorguluyorsun. Bak artık herkesi kendin gibi sanma huyundan vazgeçtin. Hayat, bu benim başıma gelmez dediğimiz şeylerden ibaretti değil mi? Bak şimdi özlemenin, özlenmenin ne kadar kıymetli bir duygu olduğuyla yüzleşiyorsun." Aman Allahım! Nasıl da kendi kendime terapi yapıyormuşum aslında! Ona söylediğim her şey, gerçekte tamamen kendime seslenişim. Sanki içimdeki bir güç beni ele geçirmiş ve bana hatalarımı, eksiklerimi söyletiyor tek tek. Arkadaşıma bunları söylerken aslında kendime, "Deniz senin burada olma sebebin ne biliyor musun?" diye soruyorum. 1. Farz et ki kendini nadasa bıraktın. 2. Kendini yeni baştan inşa ediyorsun, keşfediyorsun. 3. Nasıl kıymetli bir varlık olduğunla yüzleşip kendini ne çok sevmen gerektiğiyle tanışıyorsun. Üstelik iyi de geliyor. 4. İyice saçmaladın da ondan diyorum ve bir sus geliyor o anda, tıpkı müzikteki dörtlük es gibi. Ben de es aldım *Hayat* adlı şarkımın bir yerinde.

Üzülmüyorum

"Artık üzülmüyorum
Mutluluğa üzülmeye alıştım
Kimseye kızmıyorum
Kendimle konuşup barıştım"

– Deniz Seki

Bir tuhaf uyandım bu sabah. Duygularım gelli gitli. İçim dışım sıkıcı. Çok mu sert eleştiriyorum kendimi derken, dozunda değilse eleştiriyi hiç sevmediğimi fark ediyorum. Bir sevgisizlik kaplamış kalbimi sanki. Herkese kızıyorum, için için de kendi kendime. Bir içsavaş veriyorum aslında. Aaa peki dün pozitiflikten uçuyordun, bugün ne oldu da böyle oldu? Çünkü gerçekten bir cehennemin içinde sıcaktan eriyerek yaşıyorum da ondan. Burada her tarafı kakalaklar sardı! Sıcaktan odaların içinde karafatmalar kol geziyor. Ben hiçbirini öldürmüyorum. Bizim gibi can taşıdıkları için kıyamıyorum. Hatta isim takıyorum onlara. Osman, Şişko, Çirkin Surat, Afilli diye... Kafayı mı yiyorum acaba diyorum ama hayır, gayet iyiyim. Ne yapmalıyım yani? Onları bir bir öldürüp vicdan azabından gebereyim mi burada? Odadan çıkmaları için de kovalayamam. Zaten sağ olsunlar kapıdan girip camdan çıkıyorlar. Bakınca hiçbir zararları yok, ama kim bilir nerelerde gezip de geliyorlar. Ben de haliyle her dakika elimde vileda yerleri siliyorum.

Odamda üzeri çarşafla kaplanmış battaniyeden bir halı, duvarlarımda gazete kupürlerinden bir kolaj, genellikle hayvan ağırlıklı ya da özlü sözler veya Reha Muhtar'ın köşesinden sevdiğim yazılar, aile fotoğraflarım, aşkımla fotoğraflarım, Haydutum ve Fındığımın fotoğrafları var. Öyle işte. Hepsi muşambadan yaptığım masa örtüme yapıştırılmış durumda. Karşımda 37 ekran televizyon, altında plastikten çekmeceli bir komodin, yanında kendine bile hayrı olmayan bir pervane, onun yanında da kıymetli kitaplığım. Bu arada ayakkabılığı kitaplık yaptım. İyi de oldu, bir sürü döküntümü toparladı. Her yer kalem dolu ve dolayısıyla defter. Hep aldığım küçük küçük notlar. Camın önünde plastik bir sandalye, yanında çöp kovasından bir sehpa, tabii içinde de çarşaflarım var. Üzerinde kitaplarım ve fotoğraflarım. Aşkımla çekilmiş fotoğraflarım başköşemde. Canım benim. Odadaki ayrıntılara takıldıkça Philippe Starck halt etmiş valla diyorum. Bildiğin icatlar odası. İç mimarlar görse bayağı etkilenirler yani! Bugün nerelere koysam acaba kendimi...

Bir başka buruk bayram

"Ötekinin kıymetini bilmek için
yokluğuyla baş başa kalmalı insan."

– Proust

Garip, hüzünlü, değişik ve ne kadar sinir bozucu olsa da mutlaka böyle olması gerektiği ile ilgili kendini kalben ikna etmeye çalışan ve her türlü duygusuyla çelişen biri olarak uyandım bu bayram sabahına. Bugün 17 Temmuz 2015. Yani bugünü de hesap edersek tam 3 bayramdır bu saçma dava ile ilgili göçebeyim terki diyarda. 8'de sayıma kalktım ve bir daha da uyuyamadım. Kardeşlerim ve aşkım bayram namazına gitmişler midir, bu sabah nasıllardır diye sürekli onları düşünürken ben de üzerime bayramlıklarımı geçirip bir gece önceden altlarını temizlediğim ayakkabılarımı giyeceğim. Bayram çocuğu oldum ben, içi kırık dökük bir bayram çocuğu... Gidenlerin ardından 6 kişi kaldığımız koğuşta hepimiz öyleyiz. Herkesi zorla cicilerini giymeye zorlayıp makyaj da yaptırttım. Eksik olmasın onlar da kırmadılar beni, fakat gözpınarlarında gözyaşları ateşe hazır beklediği için makyajlar tehlikede gibi sanki. Bayramlaşıp birbirimize çikolata ikram ettik. Ve tabii ki gözyaşları içinde bayramlaştık. Uzaktan çok başka görünüyor belki ama içi seni, dışı beni yakar misali, taşıması bayağı ağır. Sonra aklımdan bayramda sevdiklerimle ve sahnede olmanın kıymetini belki de bilemediğim günler olmuştur diye geçirdim ve kıymet kelimesine bir kere daha içtenlikle sarıldım. Elimizin avucumuzun içindeki şeylerin kıymetini bilmeden o kadar çok vakit geçiriyoruz ki, işte böyle zamanlarda küt diye yüzüne vuruyor hayat insanın. İşte bayram bu cezaevinde!

Samsara*

"Yaşamı ölüm ve yeniden doğumdan oluşan sonsuz çevrim ile tanımlanan bir varoluş durumudur. Bu terim aynı zamanda acı çekmeyle tanımlanan sıradan günlük hayatımız içinde kullanılır. Bütün canlılar zihinlerindeki olumsuz eğilimlerin tümünden kurtulana ve bir özgürlük aşamasına ulaşana kadar geçmiş eylemler ve olumsuz 'aldatıcı' zihinsel durumların neden olduğu karmik etkilerin desteklediği bu aşamada kalırlar."**

Kutsal Dalai Lama'nın bu kitabı 2000 yılında basılmış. Benim ta firari dönemimde hiç tanımadığım bir evde kim bilir kimin kitabıydı? Kaldığım ev mobilyalı

---

* Hinduizm, Budizm gibi dinlerde reenkarnasyon döngüsünü anlatan kavram, Sanskritçe.
** *Mutluluk Sanatı, Yaşam için Elkitabı*, Dharma Yayınları.

bir evdi, daha önce bir sürü Arap, Türk, İspanyol, Latin oturmuş o evde. Ta 2014'ün Eylül'ü, Ekim'i gibi elime geçmişti. Neyse ben tutuklanınca kitap o evde kalmıştı. Aşkım çok sonradan bana, cezaevine getirdi bu kitabı ve ben de nedense hep erteledim okumayı. Sonra kendi kendime bir totem yaptım. Bu kitabı bitirince sanki özgürlüğüme kavuşacakmışım gibi bir oyun oynadım kendimle ve o kitap bunca zaman sonra bugün bitti. Bakalım neler olacak? Kitapta bahsedilen Samsara ile Zümrüd-ü Anka kuşunun yeniden doğması nedense tanıdık geldi bana. Güzel bir kitap. Hepimizin hayatının gerçek amacının mutluluğu aramaktan ibaret olduğunu anlatıyor. Neye inanırsak inanalım, hangi dinden olursak olalım, hepimizin bu hayatta iyi bir şeyler aradığını, dolayısıyla da hayatımızın gerçek yönünün daima mutluluğa doğru olduğunu söylüyor.

Artık herkesin ortak sorunu mutluluk. Dalai Lama mutluluğu nedense mutsuzluk haline getirmekte usta olduğumuzu söylüyor. Olumlu düşünme ve empati yapma yeteneğimizi geliştirerek her şeyin üstesinden gelebileceğimizi anlatıyor tatlı ve saygıdeğer bir dille. Bu büyük bilge herkesi sağduyulu olmaya ustaca davet ediyor. Ben çok etkilendim ve kendimi de derinden sorgulamaya başladım. Aslında mutluluk saçmak için yaratıldık hepimiz. Aşk, sevgi, yakınlık ve şefkat gibi duygular bize mutluluk getirir. Bu çok gerçek ve çok doğru, ama bütünün esasının iyilik olduğuna inanıyorum ben. Kötü insanlar haline geldikçe, iyiliği hayatımızdan çıkardıkça mutsuzluk da hayatlara çöreklenip kalıyor. Peki herkesin farkında olmadan da olsa bir yandan kötü olurken öbür yandan mutlu olmayı istemesi karmaşık değil mi? Hem mutlu olmak iste, hem de kötü ol! Her gün seyrettiğim ana haber bültenlerinde sürekli yüzleşiyorum bu durumumuzla ve anne olma isteğimi bir kez daha düşünüyorum. Her geçen gün daha da fazla doluyor cezaevleri; ya da asıl burada olmayı hak edenlerin dışında günah keçilerinin burada olması derinden öfkelendiriyor benim gibi burada boş yere yatan herkesi. Sonra bütün kavramlar yeniden birbirine karışıyor. Al sana mutsuzluk sanatı!

Tabii ki bu öfke ve kızgınlığın panzehiri hoşgörü, sabır ve her şeye rağmen mutlu olmaya çalışmak. Çünkü insana yakışan bu. Duygularım karman çorman olsa da kendime geliyorum.

İsyanlara düştüğümde pencereme bir kuş konuyor. Göz göze geliyoruz. Onun için hazırladığım etimekleri yemeden önce gözümün içine izin istermişçesine bakıyor. Gözlerim doluyor. Sen ne büyüksün Allahım diyorum ve sabırla bir kez daha kucaklaşıyorum.

İşte şu an özgürüm

"De haliyle
N'den içeri
İz üstündeyim
Deniz'in kıymetindeyim
Dizlerimin üstündeyim
Sevdiğim sevmediğim bütün hallerimdeyim
Fark etmediğim yıllarımın tam içindeyim.
Deniz'in tam ortasında, kimsesizlerdeyim
Biraz loşluk, biraz unutma arıyorum
Neredeyim?"

— Deniz Seki

Geçtiğimiz hafta sonu havaların sıcak ve buranın cehennem gibi olması dolayısıyla dayanamayıp volta attığımız havalandırmaya yatakları çıkarıp bir güzel yere attık. Üzerine yastıklar, çarşaf serdik. Kurum (devlet) karpuz göndermişti. Onu da bir güzel soğuttuk. Suları da buzluğa attık. Kahvemizi yaptık. Kurulduk şezlonglarımıza. Ben kendime altı çiçekli, uçuş uçuş bir kumaştan şort ve pembe, ince askılı bir üstle şahane bir plaj kıyafeti yaptım. Askılarını indirdim. Dış eczaneye yazdırdığım kakao yağıyla bir güzel yağlandım. Saçlarıma da mayonez ve badem yağı maskesi yapıp beyaz bir bone taktım (boya kutusunun içinden çıkan boneyle). Neyse efendim, uzandım şöyle mis gibi yataktan bozma şezlonguma. Bu arada altıma giydiğim o çiçekli şort biraz uzun olduğu için onları da paçalarından kıvırıp kenarlarından rengârenk mandallarla belime tutturdum ki bacaklarım da yansın. Tabii koğuştakiler beni bu halde görünce başladılar kıkır kıkır gülmeye. Çünkü çok haklılardı; ben şahsıma münhasır deli kızın çeyizinden topladıklarımı giymiş bir halde, sanki üzerimde Calzedonia bikini varmış edasıyla, saçımda da şahane bir hasır şapka, uzanmışım kumsala misali o kadar özgürce güneşleniyordum ki... Hapis olduğum bu kodeste bir süreliğine de olsa kendimi bu kadar özgür hissetmem beni hem hafifletti hem de gerçekten iyi hissettirdi. Sonra dedim ki kendime, yahu Deniz, sen bu kılıkta dünyanın hangi plajında güneşlenebilir ve bu duyguyu deneyimleyebilirsin, cevap ver. Cevap veriyorum: Hiçbir plajda, hiçbir yerde. Kendime doğru yaptığım bu yolculukta çok güzel yerlere doğru yol alıyorum galiba. İnsan her nerede olursa olsun kendi mutluluğunu, kendi özgürlüğünü, hür iradesini kendisi yaratıyor ve üstelik bu durum hiçbir bahaneyi de kabul etmiyor. Allahıma bir kez daha şükrettim bana bu duyguyu yaşattığı için. Her nerede olursam olayım, hangi toprakta açarsam açayım, asla solmadan tomurcuklarımı hep saçacağımı bir kez daha anlıyorum. Ve bu beni mutlu ediyor. Bu yaşıma kadar kendimi bu kadar özgür, ruhumu ise bu kadar dingin hissetmemiştim. Çünkü an be an değişen bendeki beni keşfetmek bana iyi gelmişti.

Gazetelerin magazin sayfalarında gördüğüm bir sürü arkadaşım, bir sürü meslektaşım, denize giren bir sürü insan kalabalığı, o şahane manzaralar, nefis plajlar vs. vs. Hiçbiri cazip gelmiyordu bana o an, benim tek eksiğim sevdiklerimden ayrı kalmak. Fakat onlar da kalbimde, beynimde, her an her bir hücremde var oldukları için zaten onlarlayım. Belki de kendimi kandırma sanatında artık ustalaşıyorum. Yine de güzel bir tecrübeydi benim için. Çünkü ölüp gideceğimizi bildiğimiz halde hayata sımsıkı tutunmak da aslında kendini kandırma sanatını öğrenmekten başka bir şey değil kanımca. Hele hele her şeye sahip olduğu halde bazı doyumsuz kişilerin bu dünyayı kendilerine zehir ettiklerini düşündükçe, onlara karşı derinden bir üzüntü duyduğumu fark ediyorum. Keşke herkes keşfedebilse bu kendini kandırma sanatını. İşte o zaman, yaşadığın yeri, her nerede yaşıyor olursan ol, nasıl da cennete çevirebileceğini de fark ediyor insan. Çünkü her şey farkındalıktan ve insanın kendi iç dünyasındaki huzurdan mütevellitmiş meğer.

Kütüphane

*"Hiçbir şeye ihtiyacımız yok, yalnız
bir şeye ihtiyacımız var; çalışkan olmak!"*
– Mustafa Kemal Atatürk

Haftanın dört günü pazartesi, salı, çarşamba ve perşembeleri öğlen gibi gelip 5'te paydos ettiğim bir işim var benim. Daha doğrusu kendi yarattığım bir meşguliyetim. Bu ortamı sağlamak için defalarca izin başvurusunda bulunup sonunda başarabildim. Çalmaya çalıştığım gitarım ve ben. Defterlerim, kalemim, şifresi olan bilgisayardaki şarkılarımın sayfası; küçücük, kutu gibi odam ve tabii ki ilham perilerimle haftanın dört günü burada, bu küçücük hayal stüdyosunda yeni şarkılar yazmaya, bir şeyler karalamaya çalışıyorum. Sessizliğe, çok derin sessizliğe gömülmek istediğimde okuduğum kitapların cümlesinde kaybolduğum, kendime ait, bana göre çok gizemli ve huzur dolu bu odayı seviyorum. Ve sonra düşünüyorum. Baktığın zaman hiçbir şey ifade etmeyen, aslında bin bir zahmet ve zorlukla çalıştığım bir odanın nesini seviyorum diye. Cevabı basitmiş aslında. Galiba kendimi seviyorum artık ve bu yüzden her ne yaparsam yapayım onu kendi varlığımla zenginleştirip güzelleştirebiliyorum. Ben artık her şeyin ne kadar kıymetli olduğuyla öyle güzel yüzleşmişim ki işte bu cevap daha da bir ısıtıyor içimi. Acımı huzura eviriyorum ve huzurumun, sevdiklerimin elleriyle başımı okşamasına izin veriyorum.

Hoş geldim kendime

"Bugün günlerden güneş, aylardan yıldız, yıllardan ay
Sevdiğim ne varsa hepsi çiçek bana
Bugün beni üzen ne varsa
Hepsi sevgi bana
Renklerden gökkuşağı
Yağıyorum masmavi
Bütün balıklar benden yana
Yağıyorum yağmura
Gün bugün
Bugünden sonrası ise her gün
Hoş geldim kendime
Gerçeğime, Deniz'ime
Hoş geldim Kendime..."

– Deniz Seki

Geçen gün bütün bu sıcakların üzerine yağan o yağmuru ömrüm boyu unutmam herhalde. Tam yatakları havalandırma dediğimiz yere attıktan ve televizyonu da bahçeye kurup kahvelerimizi yudumlamaya başlamışken aniden çıkan rüzgârla birlikte önce çiseleyen ve sonradan hızlanan yağmura yakalanmak hepimizi o kadar mutlu etti ki, bir anlığına bile olsa kendimizi mahkûm gibi hissetme psikolojisinden uzaklaşıp çocuklar gibi olmamızı sağladı. Ayaklarımız ıslanan o beton zemine değdikçe kendi kendimize özgürlüğümüzü ilan ettik. Ellerimizi açarak o dikdörtgen gökyüzüne bakıp o kadar içten bir şekilde şükredip dua ettik ki, yüzümüzdeki o masum tebessümle bütün evren ve yüce Allahım o an sanki bizi kucakladı. Şahane bir deneyimdi benim için... Bin kere yakalandığım yağmurun beni bu kadar mutlu edebileceği ile yüzleşmem, "Hoş geldim kendime" isimli şiirimi, kim bilir belki de yakında şarkım olacak o dizeleri yazdırdı bana.

Anladım ki

"...Bir mahpusu dünya ile hiç alakası olmayan bir zindana kapamak, ona en büyük iyiliği yapmaktır. Onu en çok yere vuran şey, hürriyetin elle tutulacak kadar yakınında bulunmak, aynı zamanda ondan ne kadar uzak olduğunu bilmektir..."

"...On adım ötede en büyük hürriyetlere götüren denizi dinlemek ve sonra aradaki kralın kale duvarlarına gözleri dikerek bakmaya, denizi yalnız muhayyilede görmeye mecbur kalmak az azap mıdır?..."

– Sabahattin Ali

Anladım ki her şey kendini affetmekle başlıyor. Hoş, yüce Rabbimin ne kadar affedici olduğunu düşününce, insanın kendi kendisini affetmesi cümlesi biraz sakil duruyor, ben kimim ki güzeller güzeli Allahımın yanında. O affettikten sonra ben mi kendimi affedemeyeceğim dedirtiyor insana, ama olay aslında öyle değil. Önce insan kendini en derininden affetmeli ki Rabbimin de sana bütün af kapıları aralansın. Daha doğrusu insanın kendini affetmesi onu Allah'a daha da yakınlaştırıyor. Yani yakınlaştırıyormuş demem gerekiyor. Elbette ki bunu başarabilmek söylemek kadar kolay olmuyor. Üstbenin sana türlü oyunlar oynuyor. Bazen iç sesin de seni test ediyor. Aslında bir sürü testlerden geçiriyor ve en sonunda sen en sade, en saf halindeyken sana doğru cevabı veriyor. Ben bunca zamandır kendimleyim. Bugün bir hesap ettim, 30 Mayıs 2014'te kapısını vurup çıkmak zorunda kaldığım evimden bugüne dek tam 15 koca ay geçmiş. Burada, bu süslü mezarda ikamet edeli de tam 8 ay 20 gün. Yuh diyorum böyle hesaplayınca ve daha da bir duvara tosluyorum. Fakat kendimi affetmekle ilgili kendime sorduğum soruya hâlâ net bir cevap alamıyorum. Sonra düşününce kendimi takdir edebilme olgunluğuna erişebildimse nasıl affedememiş olabilirim ki diyorum ve bir şeyler, aşikâr bir şekilde affetme yolunda olduğumu, kendime karşı daha dürüst olmam gerektiğini ve enli boylu düşünmektense en saf halimle bu soruyu cevaplamam gerektiğini fısıldıyor bana. Doğru da söylüyor. Arada bir bir el boğazıma yapışıyor ve sanki beni boğmak istercesine nefesimi kesiyor gibi oluyor. İşte o an, o ortamda benden daha da kendini suçlayan insanların olduğu gerçeğiyle yüzleşip hani onlar benim aynamdı, yoksa bende mi öyleyim diyorum? Yansımam mı tüm bunlar? İçinde olduğum hayat mı bana bunu yapıyor, beni nefessiz bırakıyor, sorusunu sordurtuyor? Evet hâlâ cevabını arıyorum. Her gün yeni bir umutla bugünün mucizesi ne acaba diye uyandığımda, bir de bakıyorum ki akşam olmuş. Her günün renginin aynı olması gibi günler günleri manasız bir şekilde takip ediyor diye bir anlığına karamsarlığa kapılıyorum. Sonra Deniz çok ayıp oluyor, haksızlık etme, bugünü de bu hiç yaşanamazmış gibi görünen lanet kılıklı yerde kendini dinleyerek, kendi ruhunu tamir etmek adına çaba sarf ederek ve tüm sevdiklerinin iyi olduğunu bilerek geçirdin diyorum. Nankörlük etme ve bak ne güzel, ümitlerin cebinde, bugünün yarını da var dedirten bir sesle irkiliyorum. İşte o saf halimle bana fısıldayan iç sesim asıl mucizenin ne kadar basit olduğuyla yüzleştiriyor beni bir kez daha. Bugün de sapasağlam, dimdik ayaktayım. Ey sevinç yüzlü çığlığım diye bir dörtlük yazıp, başlıyorum bu dörtlüğümü bestelemeye.

Sevinç yüzlü çığlığım

Yolları dar şu an
Sevinç sokaklarının
Nereye gitsem
Karşımda bir duvar
İçi içine sığmaz
Benim sokaklarımın
Bu yol bir bitse
Bir oh diyebilsem ben.
SABIR
Yokuş olmuş
Çık, çık bitmiyor
Aynada gördüğüm yüzü saflığımın
Bekle beni geleceğim elbet
yanına
Benim güzel sevinç yüzlü ÇIĞLIĞIM.

– Deniz Seki

Cezaevi koleksiyonum

"Aşkın içinden geçtiysen
Büyümüşsündür büyümüşsündür
Rüzgâr yönünü değiştirdiysen
Esmemişsindir, ılıksındır sen
Bu neyin bedeli böyle
Maalesef
Yanmadan, yanmadan
Sönmüyor insan
Bu neyin bedeli böyle
Maalesef
Kanmadan, kanmadan
Susuyor insan
Keşfe dalıp kendini seyrettiysen
Hatalarınla yüzleşmişsindir
Mutlu olmayı hak ettiysen
Sabretmişsindir, sabretmişsindir"

– Deniz Seki

Burada giydiğim, giyip sonra çıkışını yaptığım tüm kıyafetlerime nişanlım evde bir oda yapmış. Ona tüm kıyafetlerimi ihtiyacı olanlara dağıt demiş olduğum halde almış götürmüş ve itinayla asmış. Hepsinde benim kokum, tenimin bir izi olduğu için onlarlayken benimleymiş gibi hissediyormuş. Saklamış, biriktirmiş... Burada ben de onları ihtiyacı olanlara verebilirdim ki zaten veriyorum ama kurum kanunları gereği her şey adetle giriş yapıp adetle dışarı çıkıyor. O yüzden ben çıkış yapmadan giriş de yapamayacağım için dışarıya yollamak zorunda kaldığım, hiçbirinizin üzerimde görmediği, sadece bu cumhuriyete ait bir kreasyonum var. Madem kendimle ilgili böyle bir kitap yazıyorum, o zaman niçin burada giydiğim kıyafetleri sizden saklayayım ki. Görün, bilin istiyorum ben de. Buradan çıktıktan sonra Çilehane Verimhane Kostümlerim adı altında tüm kıyafetlerimi sergilemeyi düşünüyorum; hatta bu kıyafetler, gelirinin cezaevine bağışlanacağı bir siteden satılabilir bile. Nasıl fikir? Bence süper. Evet, burası hem Çilehane hem Verimhane. Öyle çok hediye verdi ki Allahım bana, hiç alçakgönüllülük yapamayacağım, sanırım şahane bir kadın oluyorum. Daha mütevazısı, acılar, anılar, bugünüm ve umutla dolu yarınlarımın harmanlamasıyla şahane bir kadın olma yolundayım. İşte böyle böyle motive oluyorum. Hayata kocaman, hem de hiç gülünmeyecek bir yerde kocaman teşekkür ediyorum. "Önce canan, sonra can" burada rollerini değiştirdi. Artık önce can, sonra canan oynar oldu başrolleri. Demek ki bu değişim için önce benim değişmem gerekiyormuş, hem de böyle sert bir yerde; imkânsızlıkların içinde imkân yaratmanın kıymetini anlayıp bütün bunlara anlam verebilmeyi söktüğün anda. Şimdi bütün öğrendiklerimi paylaşma ve dışarıdaki hayatımda da bunları hayatıma geçirme sürecine girdiğimi hissediyorum.

Buranın bana verdiği hediyeler, farkındalıklarım

*"Güller, laleler,
karanfiller, bütün çiçekler solar,
çelik ve demir kırılır;
ama gerçek dostluk ne solar
ne de kırılır."*
– Nietzsche

- Dostlar, hem de çok değişik mozaiği olan dostlar. Mahkûmdan da dost olur mu lafına inat, kader dostlukları bunlar.

- Unutulamaz anlar, farkındalıklar, kıymetli kelimesinin kıymeti ve bugüne kadar bunu öğrenememiş olmamla yüzleşmem.

- O çok sevdiğim günbatımlarını ıskaladığım günlere olan kızgınlığım ve yine es geçtiğim ne varsa onlarla tekrar yüzleşip özür dileyebilmem. Çünkü burada günbatımını ancak parmaklıklar ardından ve gökyüzünü dikdörtgen olarak görebildiğim bir yerden uğurlayabiliyorum; o da sadece hissedebildiğim kadarı ile güneşin veda saatini bildiğim düzene el sallayarak olabiliyor.

- Yağmura bu kadar sevindiğimi, yağmuru bu kadar sevdiğimi ve bütün damlalara sarılmak istediğimi öğrenmem çok kıymetli bir hediye benim için.

- Ay batışları, dolunayı ancak görebildiğimiz gökyüzü kadar kucaklayışım, ona uzun uzun bakıp pürüzüne anlam yüklediğim o tılsımlı dakikalar ve sanki onun da duymuş gibi beni selamlaması. Artık dünya benim için bir başka dönecek. Bunu görebiliyor ve hissedebiliyorum.

Daha ne ister ki bir insan?

Farkındalığın sınırlarında bir gezginim

Derin olma zamanı şimdi
En güzelinden mavisi duru
Ne günler gördük seninle diyebilmek
İçine çekebilmek farkındalıkların farkını
Zamanı önüne katıp açılmak okyanuslara bir zahmet
— Deniz Seki

Bugün kardeşlerimi gördüm. Onlar benim biri sağ, biri sol omzumda yaşayan meleklerim. Kalbimin meleği de Faruk'um. Bedenim, ruhumsa annemin. Yine bir görüş günüydü ve beni ne kadar iyi gördüklerini, ne kadar pozitif olduğumu, bu sefer başka bir boyuta geçtiğime inandıklarını söylediler. Tüm bu cümleleri sevgiyle kabul ettim ve hiç farkında olmadan böyle hissettirebilmeme çok sevindim. Onlarla konuşurken bunca zaman boyunca ayırdına varmadığım ne çok şeyle iç içe yaşadığımı fark ettim. Etrafımda gözüme gözüme, hatta gözümün ta önüne geldiği halde burnumun ucundaki güzelliklere karşı hep kör olmuşum ben. Oysa dünya gözüyle gönlün görebileceği ne çok güzellik varmış. Üstelik ben daha yolun çok başındayım. Farkındalığın sınırlarında geziniyorum. Ne mutlu bana ki bunu böyle bir yerde, dört duvarı da kapalı bir yerde hissedebiliyorum. Şimdi anlıyorum ki her nerede yaşarsan yaşa, fark etmedikçe, farkındalığın farkını fark etmedikçe cennette bile sansan kendini, asıl orası dört duvarmış. Değil mi ki bu dünyada yaşadığımız her şey algıdan ibaret. Keşke hakikatle algının arasındaki mesafeyi her gün biraz daha azaltabilsek ve farkına vardığımız her şeyin gerçeğimiz olmasına izin verebilsek. Ben artık asıl cehennemin insanın zihninin içinde, cennetimizinse kalbimizin tam ortasında olduğuna inanıyorum. Ve bu dört duvarın arasında nihayet fark etmeyi başarabildiğim güzelliklerle her yeni güne yeşeriyorum, dahası şükür mertebesinde inceden inceye çoğalıyorum sanki.

Günlerden kafam karışık bugün

Ne siyah ne beyazım ben bugün
Biraz siyah biraz beyazım da aslında
Günaydın ey benim gibi olan sen canım gökyüzü
Ne zaman mavi olsam yağmur yağdı bu yanda
Çiçeğim aç hadi tez sabahın tez beyazına
– Deniz Seki

Duygularım bugün de karışık. Yine geçmişe, sonsuza dek geçmişte kalmasını ümit ettiğim bir konuya gireceğim. O soğuk ve buz gibi demir kapıdan ilk geçtiğim andan itibaren artık tüm sıfatlarım kapıda kalmıştı. Herkes gibi benimde kim olduğum, ne olduğum, işim, kariyerim her şeyim o kapıda emanete bırakıldı. Daha sonra o çirkin fotoğrafım çekildi. Vesikalık fotoğraflarımın en çirkini. O fotoğrafı çektirdiğim anda hem bilinmezliğe giden o sert yolculuğun ilk durağında olduğumu, hem de özgürlüğümü askıya asıp, güneşin karanlık yüzünü yeniden göreceğimi hissettim. Parmak izlerim alınırken sinirlerim de ister istemez iyice boşalmaya başladı.

Cezaevine ilk girişin şöyle bir raconu var: Önce seni geçici koğuş tabir edilen, içecek su dahi bulamayacağın, her çeşit insanla aynı havayı soluduğun o rezil karantinaya alırlar ve orada birkaç gün seni misafir ederler! Sinir sisteminin dayanıklı mı yoksa zayıf mı olduğuyla ilgilenir ve seni sınarlar. Nasıl bir karaktere sahipsin, deli misin, zırdeli misin anlayabilmek için orada 3-4 gün tutulduktan sonra, pazartesi, çarşamba ya da cuma günlerinden biri olan, mahkûmları koğuşa yerleştirme gününde seni de uyum sağlayabileceğine inandıkları bir koğuşa verirler.

Benim koğuşum, sanki ikmale kalmışım da yeniden sınava girmem gerekliymişçesine ilkinde de ikincisinde de A1 koğuşu oldu. Memur koğuşu, iyi bir koğuş. Geneldе bankacılar, yani zimmet suçundan yatanlar var. Bir de arada bir gelen eczacılar, vergi memurları ve gümrük memurları. Beyaz yaka suçları deniyor, ama içeri girince önce gri oluyor o yaka, sonra da kararıyor. Yine de ne gelene, ne gidene müdahilsin burada.

Koğuşta toplam 12 oda var. Her oda 2 kişilik, içlerinde bir ranza ve bir tuvalet var; her şey toplam 10 metrekare. Koğuşun havalandırma tabir edilen ortak bir alanı var. İşte ben de bana tanıdık olmasından esef duyduğum bu yerdeyim. Üzerimde büyük bir yorgunluk var, çünkü koca bir savaştan çıktım. Hayatta hayır diyememenin, karşındakine güvenmenin, şöhretli bir kadın olmanın, tek başıma bırakılmanın, ömrümde ilk defa gördüğüm o pis maddeyi önüme koyanların vicdansızlığı neticesinde vermek zorunda kaldığım koca bir savaş. Beni bu adaletsizlikle başbaşa bırakan insan hayatı katillerine, yine de onlarla aynı olmamak için beddua etmek istemiyorum. Tek başıma, kocaman bir dağın tepesinde, o dağ gibi dertlerle bir başıma bırakılıp, bütün aptallıklarımın bedelini ödediğim, ödemeye devam ettiğim bir yerdeyim. Ve aslında 2008'de başlayıp bu kireç kuyusuna batışımdan bu yana geçen koskoca bir 7 yıl. Bu belayla, üzerime yapışan bu lekeyle kirletildiğim, bir sürü iftiralarla, bilip bilmedik karalamalarla geçirdiğim 7 koca yıl.

Aslında ben tek değilim bu durumda olan. Birkaç istisna hariç cezaevindeki bütün mahkûm kadınların, daha doğrusu çoğunun başına gelen olay ya yanlış adamı sevmelerinden, ya yanlış arkadaşlıklar kurmalarından, ya da hayır demeyi bilmemelerinden kaynaklanıyor. Hani biz kadınlar kıymetliydik? Kaybedilmekten en çok korkulan, üzerine titrenilmesi gereken bizler değil miydik? Evet, hepimiz maskeli bir baloda yaşıyoruz ve yüklerimiz birbirinden ağır. Yeniden doğalım ve kendimiz olup yüzlerimize maske takmadan yolculuğumuzu içimize yapalım. Ben oradayım, dört duvar arasında, için için yollarda. Üstüme kilitler sürgülediler, hiç ses etmeden bekledim.

Neden yazıyorum?

"Biliyorum nereden geldiğimi!
Alev gibi doymamış bir halde,
Yaşıyorum, yiyorum kendimi
Dokunduğum nesne ışık,
Bıraktığım ise kömür oluyor;
Şüphe yok buna, bir 'Ateşim' ben!"
– Friedrich Nietzsche

Hiçbir şey dışarıdan göründüğü gibi değil de ondan yazıyorum.

Tüm önyargıları yıkmak için yazıyorum.

Çok kırgınım, ama yılgın değilim demek için yazıyorum.

Beni hiç anlamadınız demek için yazıyorum.

Neden günah keçisi ilan edildiğimi sorgulamak için yazıyorum.

Dayanmak, dayanabilmek için yazıyorum.

Hem kadın, hem şöhretli olmanın yok edilmek için yeterli bir sebep olup olmadığını anlamak için yazıyorum.

Birlikte yolculuk edelim, kalbimi görün diye yazıyorum.

Kendimi duymak, kim olduğumu unutmamak için yazıyorum.

Birlikte şarkı söyleyemiyorsak, satırlarda buluşalım diye yazıyorum.

Aslında neden yazdığımı bende bilmiyorum...

Annesinin balı, tutunacak dalı

"Yalnızlık tek kelime, söylenişi ne kadar kolay. Halbuki yaşanması o kadar zordur ki."

– Goethe

Son günlerde okuduğum bir kitap kendini annenin ve babanın yerine koyarak babanmışsın, annenmişsin gibi birer mektup yaz kendine diyor bana. Ben de kendimin annesi, babası olsaydım, Deniz'e ne yazardım diye başladım düşünmeye. İlk ne derdim, ilk cümlem ne olurdu diye düşünürken kelimeler kâğıda akmaya başladı...

Seni çok özledim benim güzel Denizim... Seninle tüm anne kız ilişkimiz boyunca hep gurur duydum ve hep ne kadar güçlü, ne kadar temiz yürekli bir evladım var benim diye düşündüm. Annelerin en şanslısıyım ben. Şu an yaşadığın bu kara kâbus günlerin bir an önce biteceğine yürekten inan benim güzel kızım, az kaldı kavuşmamıza. Bak gör, hayat sana şu an çektiğin bu sıkıntıların, bu haksızlıkların mükâfatını nasıl güzel hediyelerle verecek, seni mutlu edecek. Hatta sen bile şaşıracaksın bunca güzelliğin art arda gelmesine, güzel yüzünün, güzel gönlünün gülmesine... Denizim, Allah gözüne yaş, ayağına taş değdirmesin bundan böyle. Sen yanlış arkadaşlıkların, seni kendi doğrularından şaşırtan insanların oyununa geldin; olsun varsın. Var bunda da nice güzel hayırlar, nice güzel hayat tecrübeleri; hem de hepimiz için.

Mesela ben seni ne kadar çok sevdiğimi, hem de canımdan çok sevdiğimi, ama bunu sana yeterince hissettiremediğimi fark ettim. Meğer sandığımdan çok daha fazla seviyormuşum seni. Geç mi kaldım acaba bunun farkına varmak için diye kendime kızdığım zamanlarımda olmadı değil. Ama hayır canımın içi, anneler kızlarını hep çok severler. Bir gün sen de inşallah çok güzel bir anne olacaksın Denizim ve annelik sana çok yakışacak, o zaman anlayacaksın sana hiç kızmadığımı. Kızamam, çünkü benim kızım yanlış bir şey yapmaz. Saftır benim kızım, temiz-

dir, herkesi kendi gibi görür. Herkese hemen inanır, ama akıllıdır benim kızım, dimdik ayakta durur, her ne olursa olsun, her türlü haksızlığa kafa tutar, hakkını verir.

Herkes hayatta hatalar yapabilir, önemli olan o hataları fark etmek, onlarla yüzleşmek ve tecrübe denilen o güzel lokmadan tadabilmektir. İşte hayatta önemli olan şey de bu. İnsan olmanın bir mükâfatıdır bu.

Ve sen Denizim, sen aynen böyle yapacaksın benim güzel kızım. Yaptın, yapıyorsun da... Yaşaması çok acı olan bu tecrübeler seni sana fark ettiriyor ve hayatı tam derininden hissettiriyor. Ama korkma kızım. Hayat kötülüklerin yanında aklın alamayacağı pek çok güzelliği de içinde tutuyor.

Benim canım Denizim, anasının kuzusu, az kaldı, çok az, dayan benim sevgi ağacım, solma, sana da bize de solmak yakışmaz. Artık bizim de güneşimiz doğacak, mevsimlerimiz hep bahar tadında olacak, dayan. Bir bakmışsın bir mucize olmuş ve sen alnının akıyla yargılanıp bunu herkese göstermişsin. Pırıl pırıl olduğunu cümle âleme haykıracaksın yavrum. İşte o zaman, daha da sımsıkı sarılacağız birbirimize. Hep olduğu ve olacağı gibi...

Mutluluk her daim şahidimiz olacak.

Seni canından çok seven anneciğinin bu mektubunu unutma ve hep sakla canımın cananı, temiz yüreklim benim.

Annen
Güler Seki

Güzel kızım,

Üzülme benim güzel kızım. Üzülme, bunların hiçbiri doğru değil. Bütün olan biten seni üzmek adına yapılan bir oyun aslında. Ben tam 18 yıldır senden ayrıyım. Mekânım rahat, Rabbime şükürler olsun.

Evlatlarımın hiçbirini unutmadım, unutamam. Siz benim bu âlemde birer parçamsınız.

İstemeden de olsa geçmişte birbirimizi üzmüş olabiliriz. Lakin ben iyi evlatlar yetiştirdim. Yüce Rabbim bana aslan gibi iki oğul, pamuklar gibi güzel kalpli bir kız evlat verdi. Ben seni affettim güzel kızım. Sen de beni affet, e mi? Ve rahatça yaslan şöyle arkana, her şey yoluna girecek, inan bana. Sen yeter ki kalbini bozma güzel kızım.

Serdar'ımın bir oğlu, İrfan Mert'i oldu. Huyu da kendi de aynı ona benzeyecek. Şansı açık, bahtı güzel olsun. Aynı Serdar'a benziyor. Pamuk Prenses Pınar'ımla kuzum Serdar'ım harika birer anne-baba oldular.

Güzel kızım, Faruk'u kaybetme, o çok iyi bir çocuk, seni korur, kollar. Ona bir evlat ver. O da ona verdiğin o evlatla gerçekten büyüyüp olgunlaşacak. Kalbi çok güzel, pırıl pırıl bir adam o.

Birbirinizi üzmeyin, kırmayın.

Bu yaşadığın zor günler hayatının kefareti, ama sen aslanlar gibi üstesinden geldin ve gelmeye de devam ediyorsun. Az kaldı, sabret benim güzel kızım.

Ben her ne kadar bu mesleği yapmanı istemesem de, kendi kararlarına sahip çıkman ve yapmak istediğin şeyi yapman aslında senin ne kadar kişilik sahibi olduğunla yüzleştirdi beni. Sen hep gerçektin kızım, içinde bulunduğun dünya ise sahte, bu yüzden kayboldun o yollarda. Ama rabbim seni sevdiği, hem de çok sevdiği için senin kendini kaybetmene izin vermedi. Sana kendini hatırlatmak istedi. Ve ne kadar güçlü, ne kadar değerli olduğunu ...

İşte sen de gün be gün bunun farkına varıyorsun. Ve sana yapılan tüm haksızlıklara rağmen asla yenik düşmüyor, bütün iyi niyetin ve o güzel kalbinle savaşıyorsun.

Uzun değil az zaman sonra, yepyeni bir Deniz hayatına kaldığı yerden, hem de çok daha güzel bir şekilde devam edecek. Muhteşem bir hayatın olacak, başarıdan başarıya koşacaksın. Sahneye her çıktığında kafanı kaldır ve gökyüzüne bak kızım. Ben sana oradan bütün sevgimi yollayacağım, sana şans dileyeceğim, bir nefes kadar yakın, başka bir âlem kadar uzak, ama kalbinin tam içinde olacağım.

Evladım, birbirinize sahip çıkın. Bu ailenin kaptanı sensin, inşallah en güzel gemi sizin geminiz olsun. Kardeşlerinde artık birer kaptan, ama sen onların ablalarısın, hatta küçük anneleri. Birbirinizi sakın kırmayın, hepiniz aile kurun, çok çalışkan ve çok başarılı olun. Ben hepinizle gurur duyuyor olacağım. Uzun ömürler sizlerin olsun. Annenize sahip çıkın, o çok iyi bir kadın; hep iyi bir anne ve her daim fedakâr bir eş oldu bana. Onu çok üzdüm ben, o ise beni hep idare etti. İyi ki de benim karım, sizlerin de annesi oldu.

Ona ömrünü rahat, huzurlu, bize yakışan şekilde yaşatın. Allah ona da uzun ömürler versin; şimdi annenize daha çok ihtiyacınız var.

Onu çok sevdim ben, o da beni. O iyi, sadık ve bir o kadar da temiz kalpli bir kadındır. Ben onu affettim, o da beni affetsin.

Bol bol dua et kızım. Bak Allah'a, bir kalem ve bir kâğıtla nasıl bağ kurdurdu bize. Bu çok kıymetli bir an kızım.

Deniz kızım, benim dünyalar güzeli kızım, seni çok seviyorum. Serdar'ımı ve Serkan'ımı da öyle. Birbirinize sahip çıkın, Allahıma emanet olun, bana dua edin, arada bir ziyaretime gelin. Sabiha Halanıza ve Berna'ya da dört elle sarılın. Onları da çok özledim ve çok seviyorum, hepinizi çok seviyorum ve seveceğim. Her şey yoluna girecek ve çok güzel olacak, az kaldı. Kariyerinde hiç beklemediğin kadar çok yükseleceksin. Tedbirlerinizi alın yavrum, har vurup harman savurmayın, bugünün yarını var. Şahane bir ömür sizi bekliyor, bu beni de çok mutlu edecek, rahat rahat, huzurla uyuyacağım.

Bu mektubumuzu ömür boyu sakla kızım ve ne zaman benimle dertleşmek istersen bana yaz yavrum. Ve oku, dua oku. Çıkacaksın oradan, eli kulağında, sabret, az kaldı pamuğum.

Bir an önce evlen ve anne ol. Şarkılarını yaz ve hep şarkı söyle, fakirlere, ihtiyacı olanlara yardım et, dua et bol bol. Kimsenin ahını alma, sana ah edenler olduysa, biliyorum onlar da seni affettiler. Böyle hissediyorum güzel Denizim, ilk göz ağrım benim. Damadıma, gelinlerime, torunlarıma iyi bakın. Annenizi çok sevin ve onu güzel yaşatın. Ruhum sizinle canım kızım. Bütün melekler sizinle olsun, iyilik getirsin size ve etrafınıza. Gözünüze yaş, ayağınıza taş değmesin.

Baban
İrfan Seki

Bu satırları cezaevinde, bana uygun görülen odada yazıyorum, daha doğrusu kalbim fısıldıyor, elim yazıyor. Tuhaf bir ruh halindeyim. Kalbim ağzımdan çıkacak gibi atıyor, yüreğim pır pır.

Kalemim bana bunları yazdırırken önce annemle, sonra babamla sohbet ediyor gibi hissediyorum. Babamın rahat olduğunu, mekânının cennet olduğunu hissediyorum.

Geçmişte hepimizin üzüldüğü zamanlar oldu. Ama hiç yıkılmadık. Babamızın, anamızın evlatlarıyız biz, üçümüz de onlara benziyoruz, çünkü onlar kadar güçlüyüz. Şükürler olsun.

Dördüncü Defter

Deniz'in dibi

"Cehennem acı çektiğimiz yer değildir,
acı çektiğimizi kimsenin duymadığı yerdir."
– Hallac-ı Mansur

Deniz olmak su olmak, akmak, derin olmak demek; dibe dalmak gerek. Bütün balıklar gibi denizin canı olan diğer tüm canlılar da içinde başka bir dünya olduğuna şahit. Dibi ayrı derya, içi ayrı; rengi başka, tuzu, tadı başka.

Benim serüvenimin rotası da şimdilik Deniz'in Dibi'ne doğru. Buralar çok derin ve bir o kadar dalgalı, ama öylesine de dingin ki. Yüzmeyi biliyorsan yaşadın, bilmiyorsan su yuta yuta, bata çıka öğreniyorsun. Gökyüzüne doğuyorsun.

Nevşah Fidan'ın *Yansımalar* diye bir kitabını okuyorum. İçinde çok ilginç bir hikâye var. Bir grup insanı bir mağaraya kapatıp zincirlemişler. Bu insanlar bazen mağaranın duvarlarında birtakım gölgeler görür, sesler duyarlarmış. Ama o kadar sıkı bağlılarmış ki, ne hareket edebilirlermiş, ne de başlarını uzatıp gerçekte ne olduğunu görebilirlermiş. Çok uzun zamandır burada yaşadıkları için de artık bildikleri tek gerçek bu mağaraymış. Bu duruma alışmışlar, sonra bir gün, içlerinden biri kelepçelerinden kurtulmayı başarmış. Özgürlüğüne kavuşur kavuşmaz etrafı gezmeye başlamış. Önce bir mağarada olduklarını, sonra da mağaranın girişinden içeri doğru bir ışığın süzüldüğünü fark etmiş. Nihayet mağaranın dışına çıktığında, gözlerinin ışığa alışabilmesi uzun zamanını almış. Işığa alışıp görmeye başladığında etraftaki insanları görmüş önce. Mağaranın duvarlarındaki gölgelerin ve seslerin bu insanlara ait olduklarını anlamış ve öğrendiği bilgiyi mağaradakilere anlatmak için gerisin geri mağaraya dönmüş.

Ancak mağaradakiler bildikleri şekilde düşünmeye, görmeye ve yaşamaya o kadar alışmışlar ki onu dinlemek istememiş, hatta öldürmek istemişler.

Biz de hayatın içinde özgürleşmek, ışığa ulaşmak isteyen bir sürü insanla karşılaşıyoruz muhtemelen. Hele ki burada herkesin göbek adı özgürlük olmuş, ama tıpkı yukarıdaki hikâyedeki gibi çoğu insan özgürleşmek istemesine karşın düşünce şeklinden uzaklaşmak istemiyor. İnsanın düşüncelerini değiştirmeye başlaması büyük cesaret istiyor bence. Sebebi bu olmalı diye düşünüyorum

Sırf alıştıklarımızdan vazgeçmemek için kendimizi mağaralarımızın içinde mi tutmalıyız, yoksa aydınlığı, her şeyi ve herkesi geride bırakacak kadar çok mu arzuluyoruz? Bence aydınlığı bilmek, görmek, anlatmak; aydınlık ve ışık hakkında konuşup durmak değil. Onu seçebilmek asıl cesaret, denizin ta en dibine batmanız gerekiyor ise bile. Kitapta karanlığın aydınlığı çok iyi tanıdığı, hatta ondan korkup çekindiği anlatılıyor, çünkü karanlık, aydınlığın olduğu yerde olamayacağının farkında. Aydınlığın ise karanlıktan haberi bile yok; o sadece aydınlatmayı biliyor, aydınlatıyor ve aydınlatmaya devam ediyor. Tıpkı Deniz'in Dibi'ne vuran o ışığa doğru süzülüp içinden dupduru çıkması gibi.

Duygu durumu: Karışık

> *"Bak uçağa Barış, bizim için gün*
> *batımını yakalıyor."*
> *"Gün batımı nasıl olur İnci?"*
> *"Bak kuşların kanatlarına,*
> *güneş sana el sallıyor.*
> *Her akşam kuşlarla birlikte*
> *uykuya yatar güneş.*
> *Gün batımını göremeyenlere*
> *kuşların kanatlarıyla el sallar.*
> *Biz de el sallayalım."*
> – *Uçurtmayı Vurmasınlar* filminden

Bir kitapta okumuştum, insanın iki ayrı hayatı varmış. Birincisi dışarıdan görünen, ikincisiyse kendisinin bile ne hissettiğini bilmeden yaşadığı, çatışmalarla, gizemlerle dolu, karmakarışık, fantastik olan hayatı. İşte burada ikinci şıktaki hayatlar, birinci şıktaki gibi dışarıdan öyle görünerek yaşanıyor. Yani burada insan ne hissettiğini bilmiyor, çünkü duygu durumu karışık, sürekli değişiyor.

Örneğin akşam haberlerinde gördüğümüz bir vahşetin, mesela bebeğini tuvalette acımasızca öldürdüğünü öğrendiğimiz bir annenin ertesi gün buraya, hele ki bizim koğuşa geleceğini duyduğumuzda hepimizin tüyleri diken diken olmuştu. Ancak o da bir insandı ve onu odasına yerleştirmek, ona yardımcı olmak gibi bir görevimiz vardı. Nefret, hayret ve dehşet karışımı bir duygu ile ona yemek dağıtıp hiçbir şey yemediği için onu zorlayıp normal insan muamelesi yapıyorduk; yapmak zorundaydık haliyle. Ne hissettiğimizi tam olarak anlayamadan, çatışmalarla dolu bir duygu halinin içindeydik.

Çekilen onca sefalet ve ıstırap üzerine insan hayatını şöyle bir gözden geçirince, adeta bir sürü keşke felaketine uğramış, tahammülsüz bir ruha bürünüyoruz. Dışarıdaki "asalım, keselim"ciliğimiz burada törpüleniyor.

Anlıyoruz ki sistemin ve toplumun yükümlülüklerini yerine getirmemesi insanları suça hazırlıyormuş. Yaşananların sebebinin ne olursa olsun yine kişinin kendisiyle ilgili olduğuna kilitlenen sorular ve sorunlarla karşılaşıyoruz. Harabeye dönüşmüş ruhlar yüzünden insanın başına neler gelebileceğiyle yüzleşiyoruz.

Tabii bunun içinde kader de var, keşkeler de var, belkiler de... Fakat tüm bunların yanı sıra, çok net bir gerçek var ki, o da ayakta durmaya devam etmek zorunda olduğumuz.

Ama yüreğimin dayanamadığı bir şey var ki o da küçük cezaevi misafirleri. 0-6 yaş arasındaki bebeler... İşte onlar yüreğimi yakıyor. Burada, bu karanlık hapiste özgürce koşamadan, özgürce nefes dahi alamadan büyümek zorunda kalan, uçağı kuş zanneden, daha ağaç bile görmemiş çocuklar... Betondan bir avluyu oyun bahçesi sanan minik bir bebe, bu kederli yerde büyüdüğünde sizce nasıl bir insan olur? Cezaevi evi olan bir çocuk suçtan korkar mı acaba? Sonunda en büyük cezası buraya, zaten içine doğduğu tecritine geri dönmekse eğer...

Asıl yolculuğum

*"Birisi körlükle ve bilmeden yüzyıl yürürse
o aştığın yol, yoldan sayılmaz."*

– Mevlânâ

Ben insanlara iyilik yapmak, ışık olmak, yardım etmek, en karanlık zamanlarda bile az da olsa bir ışığın var olduğunu anlatmaya geldim buraya... Ya da ben kendim o ışığı bulduğumdan beri burada en karanlıktaki insanları seçtim. Onlar da aydınlansınlar istiyorum. Onlara ışık olmak, ışık saçmak istiyorum. Kimse umutsuzca karanlıkta kalmasın istiyorum. İşte ruhum, yüreğim bunu haykırıyor.

Son günlerde okuduğum bir kitapta hayatla ve kendinle ilgili sorularını üstbenliğine sor, o sana en doğru cevabı verir diyordu. Ben de kitabı kenara koydum ve gözlerimi kapatıp içime, özüme doğru bir yolculuğa çıktım. Ve dedim ki, artık söyle bana niye ben buradayım, hem de ikinci kez? Üstbenliğimden cevap geldi: "Hem kendine, hem insanlara öğretmen gereken şeyler var; düşünmeden verilen kararların sonucunda çıkmaz sokaklara girme ihtimalinin sevimsizliğini anlatman lazım. Güçlü olduğunu kendine bu kadar ispat etmek zorunda kalırsan başına neler gelebileceğini, hayatın kendi kendini yok etmeye değmeyecek kadar anlamlı ve güzel olduğunu anlatmalısın." Sonra yine konuştu benimle. Kendimi sevip sevmediğimi bilmediğimi söyledi. Yaşadıklarımın ve kendime aslında bilmeden verdiğim cezaların bedelinin ne kadar ağır olduğuyla yüzleşmenin dayanılmaz ağırlığını önüme koydu. Başladım neden başkalarınınkine benzemeyen tecrübeler yaşadığımı, bunları deneyimlemenin bana ve diğer insanlara nasıl fayda sağlayabileceğini sorgulamaya. Başımıza gelen şeyleri kabul edip, hayatlarımızdaki sorumluluğumuzu ve kontrolü kendi elimize alırsak, kendi yolumuz, kendi hayatımız için önemli işaretler ve armağanlar alırmışız. Çok heyecan verici değil mi? Bu kitabın elime geçmesi ile bana verilen ilk armağan da üstbenliğimle tanışma fırsatı bulup sorularıma cevap aramam oldu. Tüm bunlar bir tesadüf olamaz diye düşünmeye başlıyorum, başladım. Yazma eylemi bile benim için kendime bir yolculuk aslında; kendi içime doğru, kendi özümü bulmak adına. Adımdan soyadımdan bu kadar sıkılmışken Deniz'in gerçekte kim olduğunu aradığım bu yolculuğa ihtiyacım varmış. Kitabım benim aynam olacak. Bu sayede siz de göreceksiniz hiçbir şeyin dışarıdan göründüğü gibi olmadığını. Birlikte bakacağız o aynaya ve ne var ne yok, olduğu gibi göreceğiz.

Aynaların Gammazlığı geliyor aklıma:
"Sen ne kadar saklanırsan saklan kendinden,
aynan sana söyler derdini derinden.
Bir bakmışsın dermanın kendinmişsin sahiden."

Bunları yazdırıyor bana kalemim. Çok kırgınım bir sürü şeye ama yılgın değilim, bunu fark ediyorum. Şu an herkesin yaşamının benden daha iyi olduğunu düşünüp sonra neden böyle düşündüğümü soruyorum kendime ve çünkü onlar özgür diye bağırıyor içim. Sonra bir an utanıyorum. Herkesin durumu benden iyi diyebilme bencilliğime, egoma kızıp aslında şükretmem için ne kadar çok sebebim olduğu ile yüzleşiyorum.

Mesela nefes alıyorum. Çok şükür sağlığım yerinde, sapasağlamım. Bak bunları, bütün bu olan biteni anlatabilme özgürlüğüm var. Ruhumu kalem, gönlümü de kâğıt yerine koyup ateş ile kendimi yazıyorum; bilmediğim bendeki beni keşfetmeye başlıyorum. Burada çekilen onca sefaleti ve ıstırap dolu hayatları gördükçe, keşke felaketine uğrayan tahammülsüz ruhları da görüyorsunuz. Çünkü ben şu an çaresizliğin en orta yerindeyim ve burada benim gibi bir sürü çaresiz kadın var. Sebebi her ne olursa olsun ruh harabeleşince insan bütün sorunlarının kendisinde kilitlenen açmazlardan ibaret olduğunu görüyor. Oynadığı oyunlar sonucu bir insanın başına neler gelebileceğiyle de yüzleşiyorum. Çünkü ruhu yıpratmamak, onun kırılmasına, üzülmesine izin vermemek gerekiyor. Tabii ki bunun içinde kader de var keder de. Belkiler de var, keşkeler de. Fakat çok daha net bir gerçek var. Sen var mısın? Kendini seviyor musun, sevmiyor musun? Farkında mısın farkındalığın? Seveni çok olan birinin kendini sevmeme ihtimali yok diye düşünüyorum. Yaşanan onca şeye rağmen... Çünkü kendini sevmeyen başkasını da sevemez. Sevgiye küs misali derler ya hani. Ama benim için öyle bir ihtimal yok ki diyorum. Çünkü benim hayatımın anlamı sevmek.

İçimdeki sevgi ağacının yaprakları hiç solmaz ki benim. O sevgi yapraklarının da sonbaharı vardır ama çabuk gelir ilkbahar benim ağacıma, çiçeklerime, yapraklarıma. İçim ürperiyor o an. Nefes aldığıma ve dimdik ayakta durduğuma şükrediyorum. Şahane bir reçete yazdığımı fark ediyorum kendime. Ben maalesef hep önce canan sonra can demiştim. Belki de sorgulamam gereken budur, ama ben buyum. Peki bu kendimi karşımdakinden daha önemsiz gördüğüm için mi? Belki evet, belki değil. Ben yine de her şeye rağmen sevgiye ve insana değer veriyorum. Ama bunu yaparken kendimi hep ikinci plana attığımı görüyorum. Özel olduğuna inandığım güzelim ruhumu bilmeden karartmışım. Hepimizin ruhu kendine göre özel. Değil mi ki ruh dediğimiz şey o yüce Allah'ın bize üflediği nefes, kıymet. Gerisi de Allah vergisi insan denen mucizevi varlık zaten. Bu kadar özel bir şeyin kırılmasına izin vermek, incitmek, kanatmak büyük bir günah olmalı. Allah'tan af diliyorum bana üflediği o güzel nefesi kanattığım için. Sonra Zümrüd-ü Anka kuşunun o nefis hikâyesi geliyor yeniden aklıma. Gözyaşlarının şifası, yanarak kül olup kendi küllerinden yeniden doğmasını düşünüyorum. Benim serüvenimin de onunkine benzediğini fark ediyorum. Aradığım gerçeğin kendime yaptığım yolculuk olduğu tokat gibi patlıyor suratımda. Hayat dediğim, ruh dediğim, aynam dediğim, aslında yüreğime, kendi Simurguma varmak için yaşadığım yolculuktan ibaretmiş. Nice acılardan geçiyorum kendi özüme, kim olduğuma dokunmak için. Şu an acaba hangi vadinin üzerindeyim? Kaf Dağıma varmak için ne kadar yolum kaldı bilmiyorum. Daha uçmam gerek, bunu gayet iyi biliyorum. Belki de tam da şu an Marifet Vadisi'ndeyim. Burada deriyi değil, dışımı değil, içimdeki sırrı görüyorum ben de. Sırlar açıldıkça susuzluğu artıyor içimin de. Küçük adımlarımın, önemsiz gibi görünen yanlışlarımın zamanla nasıl felaketlere yol açabileceğini çoktan kavradım bile. Bazı olaylar insanın kendini tanımasına vesile oluyor. İnsanın yaşadığı her olaydan ders çıkarması lazım. Bu bana ne öğretti demesi lazım. Ama bunu yaparken hayatta neye baktığımızın değil, nereden baktığımızın önemini unutmamalıyız, unutmamalıyım. Benim hikâyem bunu anlatıyor bana işte… Mevlânâ'ya kulak veriyorum…

"*'Hayatta ne öğrendiğimi bilmek istersen,'* der Mevlâna.
'Sonsuz bir karanlığın içinden doğdum.

Işığı gördüm, korktum, ağladım.
Zamanla ışıkta yaşamayı öğrendim.
Karanlığı gördüm, korktum.
Gün geldi sonsuz karanlığa uğurladım sevdiklerimi.
Ağladım.
Yaşamayı öğrendim.
Doğumun, hayatın bitmeye başladığı an olduğunu
Aradaki bölümün, ölümden çalınan zamanlar olduğunu öğrendim.

Zamanı öğrendim
Yarıştım onunla
Zamanla yarışılmayacağını
Zamanla barışılacağını zamanla öğrendim.

İnsanı öğrendim
Sonra insanların içinde iyiler ve kötüler olduğunu.
Sonra da her insanın içinde iyilik ve kötülük bulunduğunu öğrendim.
Sevmeyi öğrendim.
Sonra güvenmeyi.
Sonra da güvenin sevgiden daha kalıcı olduğunu

Sevginin güvenin sağlam zemini üzerine kurulduğunu öğrendim.
İnsan tenini öğrendim.
Sonra tenin altında bir ruh bulunduğunu.
Sonra da ruhun aslında tenin üstünde olduğunu öğrendim.

Evreni öğrendim.
Sonra evreni aydınlatmanın yollarını öğrendim.
Sonunda evreni aydınlatabilmek için önce çevreni aydınlatabilmek gerektiğini öğrendim.

Ekmeği öğrendim.
Sonra barış için ekmeğin bolca üretilmesi gerektiğini.
Sonra da ekmeği hakça bölüşmenin bolca üretmek kadar önemli olduğunu öğrendim.

Okumayı öğrendim.
Kendime yazıyı öğrettim sonra.
Ve bir süre sonra yazı, kendimi öğretti bana.

Gitmeyi öğrendim.
Sonra dayanamayıp dönmeyi.
Daha da sonra kendime rağmen gitmeyi.

Dünyada tek başına meydan okumayı öğrendim genç yaşta.
Sonra kalabalıkla birlikte yürümek gerektiğine fikrine vardım.
Sonra da asıl yürüyüşün kalabalıklara karşı olması gerektiğine inandım.

Düşünmeyi öğrendim.
Sonra kalpler içinde düşünmeyi öğrendim.
Sonra sağlıklı düşünmenin kalıpları yıkarak düşünmek olduğunu öğrendim.

Namusun önemini öğrendim evde.
Sonra yoksundan namus beklemenin namussuzluk olduğunu.
Gerçek namusun, günah elinin altındayken günaha el sürmemek olduğunu öğrendim.

Gerçeği öğrendim bir gün.
Ve gerçeğin acı olduğunu.
Sonra dozunda acının,
Yemeğe olduğu kadar hayata da lezzet kattığını öğrendim.
Her canlının ölümü tadacağını
Ama sadece bazılarının hayatı tadacağını öğrendim.

Dostlarım
Ben dostlarımı ne kalbimle ne de aklımda severim.
Olur ya
Kalp durur
Akıl unutur
Ben dostlarımı ruhumla severim
Ne durur, ne de unutur...'"
– Mevlânâ

Benim hikâyemde varmak istediğim nokta, kendi içime yaptığım yolculuk ve asıl kim olduğum. Yaşadıklarım ise bu yolculuğun bir parçası, çünkü yeniden ayağa kalkmam, küllerimden doğmam için önce Zümrüd-ü Anka gibi yok olmam gerekiyor. Gelin birlikte yazalım benim hikâyemin devamını...